榎本まみ 著

モラニゲ

モラハラ夫から逃げた妻たち

飛鳥新社

Contents

Character

新《にっ》田《た》 杏《あん》（29）

OL兼業の漫画家。独身。
現在彼氏はいないが仕事が楽しいので婚活は後回しにしがち。ゆみとは中学の頃からの親友だが、結婚してからあまり会えなくなり心配している。

手《て》塚《づか》 慶《けい》太《た》（27）

中堅出版社の編集者。独身。
杏とは大学のサークルの先輩・後輩の間柄だったが偶然担当編集となった。現在彼女なし。結婚はいつかはしたいが今は仕事が忙しいため半ばあきらめている。

源《みなもと》 ゆみ（29）

専業主婦。仕事を辞める前は栄養士をしていた。2年前に和彦と結婚したがその後は何かと和彦に逆らえなくなり、周囲から孤立している。

源《みなもと》 和《かず》彦《ひこ》（34）

金融会社に勤める会社員。課長職に就いている。有名大卒で出世コースに乗っているエリート。交際中は紳士的だったが結婚後豹変し、様々な理由をつけてゆみを束縛するようになる。

プロローグ

プロローグ

私の名前は新田杏
ＯＬ兼業の漫画家だ
私は今、マンガを描いている
彼女のために
私の親友は一週間前マンションのベランダから飛び降りた

心配かけて ごめんね
骨にひびが入った だけなのに……
入院なんて 大げさで…
ゆみ
飛び降りたの
旦那さんの せいなんでしょ!?
違うよ
私が悪いんだよ

私が失敗ばかりするから……
いけないの
私がドジであの人を怒らせちゃって
ずっと叱られて……
私がダメだから
うまくできなくて
頭がぼーっとして
気が付いたらベランダから落ちてた

それだけなの
…
で…でも…
結婚してからゆみどんどん元気なくなって……やっぱりおかしいよ……
私や……友達に会うのだって禁止されてるんでしょ?
この程度の家事もできないの?
私が家事を完璧にできないからだよ
夜も寝かせずに説教なんておかしい!
君は人間として未熟なんだよ
私を教育してくれてるんだよ

私はあの旦那おかしいと思う！
別れたほうがいいよ！
……
心配してくれてありがと　杏
でも
私は大丈夫だから

…ってことがあってさ
どんより
仕事の打ち合わせなのに愚痴ってゴメンね…
それは…なんていうか…お友達大変でしたね…
手塚　慶太 27歳 独身 雑誌編集者
そんなにひどい旦那さんなんですか？
一応イケメンでエリートなんだけどとにかくゆみに厳しい
源　和彦 34歳 金融会社　会社員
ゆみはあんまり言わないけどしょっちゅう夜遅くまで説教されてて
あと旦那さんに言われてゆみ仕事辞めたんだよ
うーん

それモラハラってやつじゃないですか？
モラハラ？
「モラル・ハラスメント」直訳すると「精神的なハラスメント」って意味らしいですけど
harcèlement moral (フランス語)
日本ではモラルハラスメントと訳される
moralは精神的なという意味
最近じゃ家庭内のハラスメントをよくそう呼びますよね 夫から妻とか親から子とか
ほらネットでも出てきますよ
モラハラ
・なんでもお前が悪いと怒る
・人格を否定する
・夫や家のルールが絶対
・実家や友人との交流を禁止する
・十分な生活費を渡さない
・外で仕事をすることを禁止する
・長時間寝かせず説教をする
これまんま……ゆみがされてることだ…

僕もモラハラって全然知らなかったけど
会社の先輩の友達がひどいモラハラに遭って最近逃げ出したんですよその話を聞いて知りました
モラハラって実際受けている間はずっと自分が悪いって思い込んでて
周囲が言っても話を聞かなかったりしたんです
身体を壊すまで追い詰められてやっとおかしいって気が付いて
だから逃げるのに時間がかかったらしいですよ
それだ…!!

えっ
どうしたんですか
いきなり
その話聞きたい！
どうやってモラハラに
気が付いて逃げたか！
そんで漫画にしたい！
ええっ？
うーん…
次の企画
これじゃだめかな？
だってこのままじゃ
ゆみは　きっと……
モラハラから
逃げる方法は
きっと
あるはずだ

Case1

モエさんの場合

「何が何だかわからないけどずっと苦しい」

一人として価値がないと言われ続けて

モラニゲ妻初取材
緊張
するなぁ……
今日取材する人は
業界の人だし
大丈夫ですよ
ライターさんです
今日会うのが例の
長年モラハラを
受けてたけど
最近やっと逃げた人（P13）
なんだよね
はい
会社の先輩の知り合い
なんですよよ
あ
来たみたいですね
呼んできます
はじめまして
モエです
モエさん
職業：ライター

綺麗な人だ……
今日はよろしくお願いします
あ お願いします！
夫とは9年前に結婚しました
夫は10歳年上の会社員でした
夫
転勤が決まったので結婚してついてきてほしいと言われて
東京から地方へ引っ越したんです
結婚してからモラハラが始まったんですか？
今振り返れば付き合っているときからあったんですけど
人前でこいつはバカと言われたり
束縛がひどかったり
それがモラハラだって長い間気が付かなくて…
夫の転勤先に越してから気づかないうちに精神的に病んでいて…
あなた大丈夫？
ぼーっとしながら外を歩いていたときに声をかけてくれた人がいて
福祉相談
モラハラ
その人のすすめで役所の相談に行ってモラハラだってだんだん気が付いていったんです

えっと… 具体的にはどんなことをされていたんですか？
人格を否定されたり朝までずっと説教とか
主に言葉の暴力ですが……後半は身体の暴力もありましたね
でも長い間 私はずっと「何が何だかわからないけどずっと苦しい」と思っていました
それこそ死にたいとも何度も思っていたけど何でそんな気持ちになるのかもわからなかったんです
わからないっていうのはどうしてなんですか？
夫はずっと私に「人として価値がない」と言っていました
最初は反論していたんですけど
何を言っても「お前が悪い」に変換されてしまうので
夫
言い返しても無駄だって思ううちにだんだん怒りや考える力がなくなっていったんです

ひ…人として価値がないですか?
えぇっ…
今思えばすごい言葉ですけど当時はその言葉を信じちゃってたんです
ずっと私が悪いって思っていました
どうして自分が悪いって
思っちゃうんですか?
例えば私が彼の気に入らないことをしちゃうと説教が始まるんですが
夫
それがすごく長くて仕事から帰ってから説教が始まると朝までかかったりするんです
そうすると夫は
「俺がこのまま一睡もしないで車で会社に行って途中で人を轢いたらあなたは殺人者だね」
って言うんですよ
夫
テレビを見ていて殺人のニュースとかがあると
「あなたはあの人と一緒だから」
「あなたは人を殺していないだけでやっていることは一緒だからね」
って――

ひどすぎる
うわぁ
その状態からどうやってモラハラに気づいて逃げたんですか
引越し先には一人も知り合いがいなかったんですけどある時近所に住んでいる山田さんという人が声をかけてくれたんです
後から聞いたら私がいつも暗い顔で犬の散歩をしているから気になっていたみたいで
その人が引っ越してから初めてできた友人で話を聞いてもらっているうちに「それは旦那さんがおかしいんじゃない?」って言われて
最初に戻るんですが役所に相談に行ったらモラハラの本を勧められて読んでいるうちに私がされていることってこれかも?って思い始めたんです
モラハラ
山田さんに出会えてよかったですね
ええ、山田さんにはずいぶん救われました
それですぐに逃げられたんですか?
いえ結局逃げるのにはそこから2年ぐらいかかりました
ええ…!

夫が会社員だったので日中家にいなくてその間は一人で過ごせるので我慢できた部分もあって
でもそれでも死にたいって気持ちはどんどん強くなるし身体も動かなくなってお金も稼げなくなったんです
そんなとき夫が出会い系サイトで女性と連絡を取って会っている記録を見つけてしまって
浮気まで……！
サイテー
モラハラについても本を読んでやっとわかってきた頃だったし
もうこの人とやっていくのは無理だ逃げようって決めたんです
それからは逃げる日を決めて少しずつ荷物を実家に送りました
前に耐え切れなくて家出したときに夫に荷物は全て捨てると言われたんです
一度逃げたら私物は戻ってこないものだと思っていたので
最後のほうはほとんど荷物がなくなって夫になんか部屋すっきりしてない？とか聞かれて最近片づけにハマってるって言ってました
それでとうとう逃げ出したんですね
でもね最後まで迷ってたんです
えぇ～！こんなにされても!?

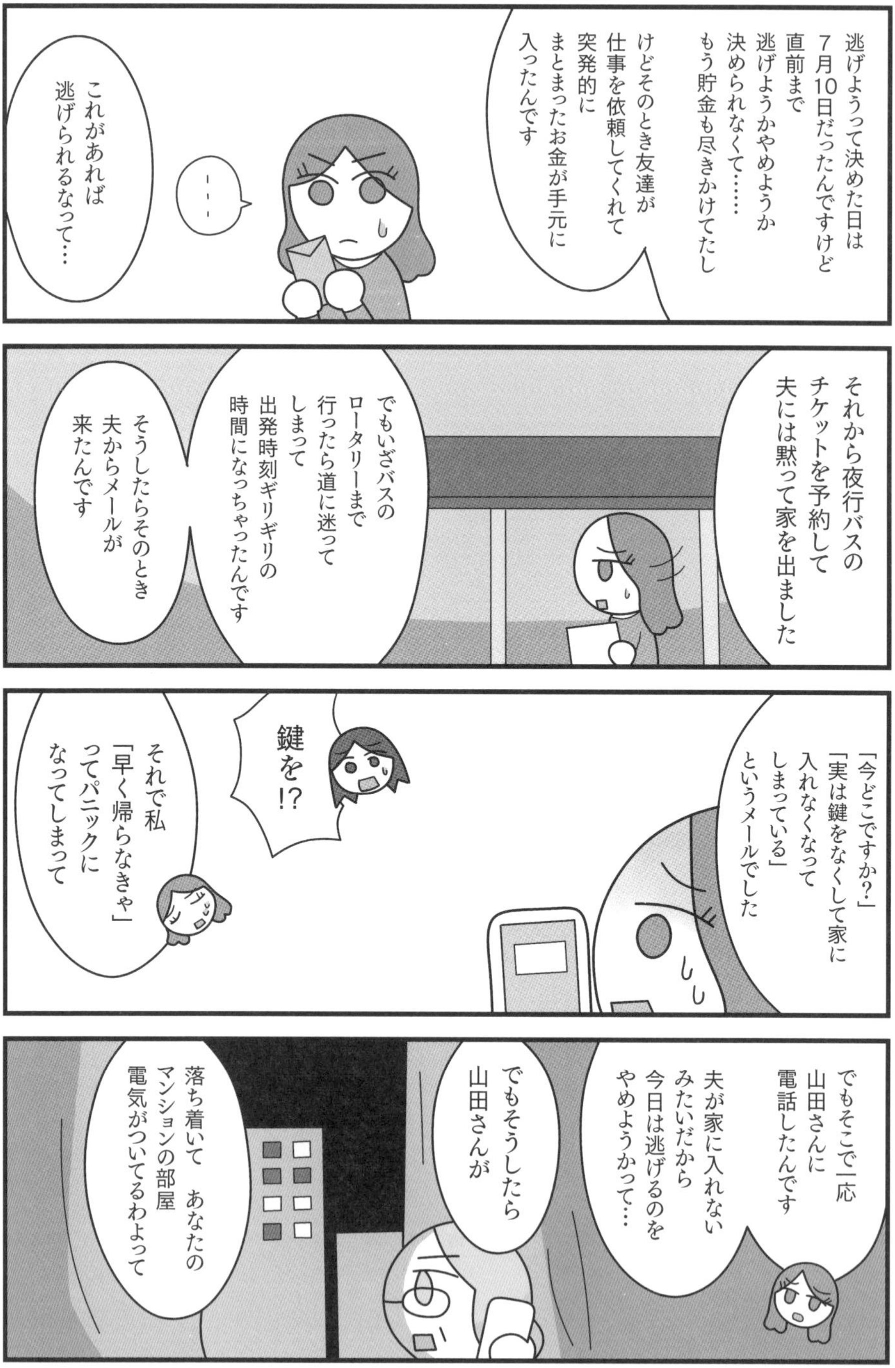
逃げようって決めた日は7月10日だったんですけど直前まで逃げようかやめようか決められなくて……もう貯金も尽きかけてたしけどそのとき友達が仕事を依頼してくれて突発的にまとまったお金が手元に入ったんです
…
これがあれば逃げられるなって…
それから夜行バスのチケットを予約して夫には黙って家を出ました
でもいざバスのロータリーまで行ったら道に迷ってしまって出発時刻ギリギリの時間になっちゃったんです
そうしたらそのとき夫からメールが来たんです
「今どこですか？」「実は鍵をなくして家に入れなくなってしまっている」というメールでした
鍵を!?
それで私「早く帰らなきゃ」ってパニックになってしまって
でもそこで一応山田さんに電話したんです夫が家に入れないみたいだから今日は逃げるのをやめようかって…
でもそうしたら山田さんが
落ち着いて　あなたのマンションの部屋電気がついてるわよって

鍵をなくしたって嘘だったんですね!?
山田さんに電話してよかった…
えぇ…それを聞いたときゾッとしました
でもそのパニックで結局予約していた夜行バスには乗れなくて
その夜は漫画喫茶で過ごして翌日のバスに乗って実家に帰ったんです
それは旦那さんからの執着というか生霊が止めにかかったみたいですね…
それからは夫とは一切会わず離婚調停を始めました
私は35で結婚したんですが41のときに逃げたので結局6年かかりましたね
すごく…大変でしたね…
どよん…
思っていたよりなんかショックが大きいです僕…

あの私実は友達がモラハラに遭っていてモエさんとすごくよく似た状況なんです
もし今モラハラに遭っている人がいたらモエさんだったらなんて言いますか?
…そうですね…
自分の感覚を信じてあげてほしいって言うと思います
私の夫はいつも誰がどう見たってあなたが悪いと100%の人が言うと言っていました
あなたのまわりの人や僕のまわりの人に聞いてもあなたが悪いとみんな言っているとか一般的に法律的にあなたが悪いとか
それで私も自分が悪いっていう考えから長年抜け出せなかったけど
洗脳ですね
でもどこかで夫の言うことは違うんじゃないかな?だって私はこんなに苦しいって思いがあったんです

思えば違和感は結婚する前からあって
夫
夫
男尊女卑かも？
束縛強い
人前でバカにするし
けど私もそろそろ結婚しなきゃいけない年齢かなって
その気持ちに蓋《ふた》をしてしまっていたんです
だから今モラハラに遭っている人に言うんだったら違和感を大切にしてほしいかな
自分の感覚を信じてあげてほしい自分の魂が喜ぶ選択をしてほしいと思うんです
……
逃げて良かったですか？
ええ 逃げて
良かったですよ

取材を終えて

取材後…
いやぁ 壮絶でしたね
うん 壮絶な結婚生活すぎて吐きそう
洗脳されて自分が悪いって思い込まされるのって辛いですね
眠らせない 人格を否定するって 完全に洗脳の手口だよ
モラハラ被害者って洗脳状態にされている人が多そうですね
そう思うと 抜け出すのってすごく大変なのかも…
モエさんが モラハラに気づいて 抜け出せたのは
山田さんの存在が 大きかったよね
本当にいい人と 知り合えてよかった
たとえ相手に拒否されても 声をかけ続けるのって 大事なのかも しれないですね
モエさんは逃げるまで 数年かかったけど
逃げるペースは 人それぞれでいいって 言ってましたね
今回の学びは
夫
①お前が悪いと洗脳 されることがある
②違和感は大切に
ですね
よっしゃ～ 漫画にするぞ～～！
ぐっ
よろしくお願いします

えにさんの場合

「子どもには二度と会わない、養育費も払わない」—別居後、本当にお金で苦労しました

Case2 えにさんの場合

私は2度結婚して両方モラハラで逃げてるんですが
えにさん 職業：会社員
思えば結婚生活はずーっとお金に苦労させられました
この日お話を聞かせていただいたのはえにさん
現在Twitterを中心にモラハラについての啓発活動を行い養育費の未払いについても問題提起し新聞にも取り上げられています
2度の結婚が両方ともモラハラ夫ですか
それは本当にお疲れさまでした
いえいえ
最初の結婚は20代前半で結婚してすぐ子どもができましたけれど子どもが生まれると夫はほぼ育児をせず
夫
夫
渡されてた生活費は月3万だったんですが

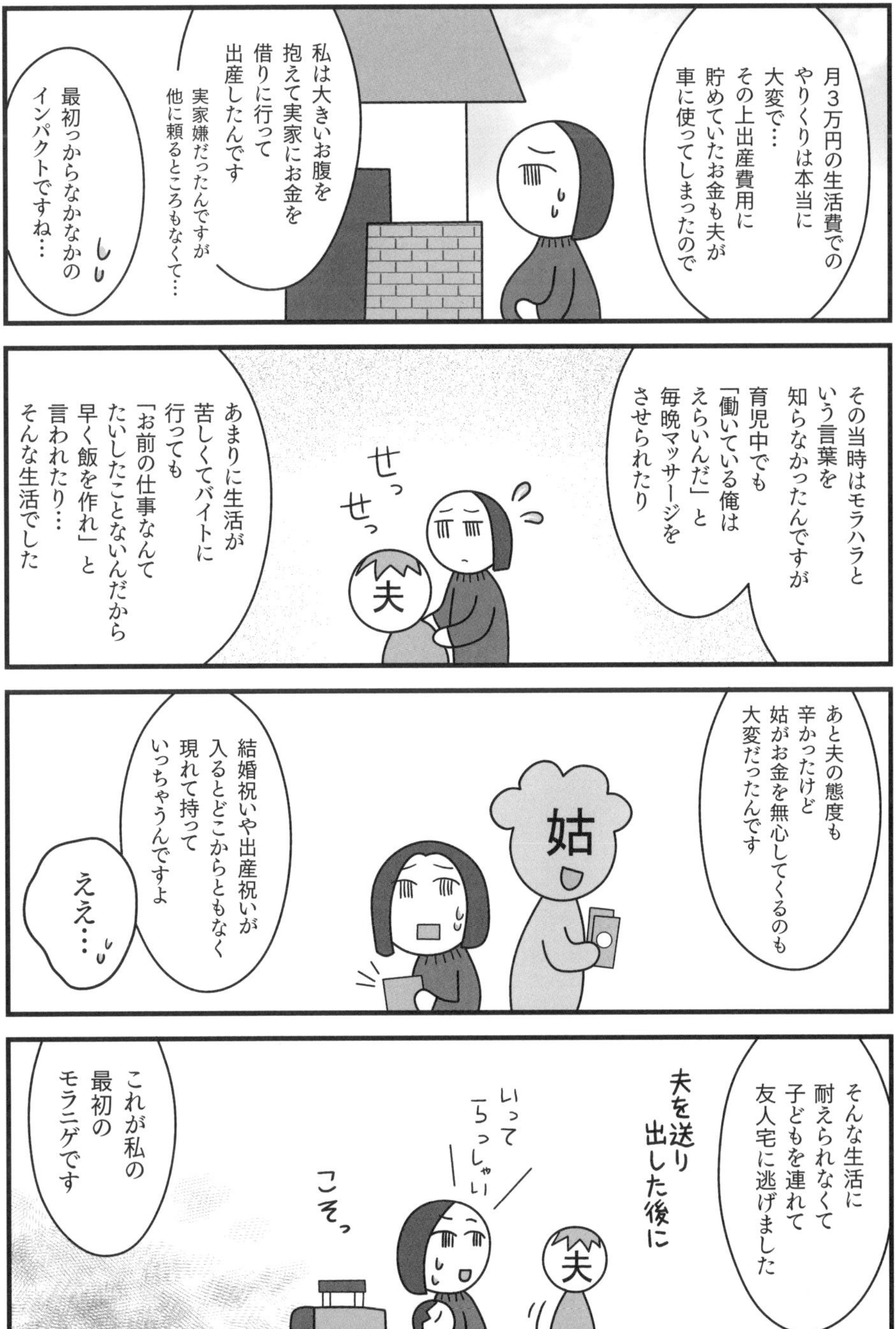
月３万円の生活費でのやりくりは本当に大変で…その上出産費用に貯めていたお金も夫が車に使ってしまったので
私は大きいお腹を抱えて実家にお金を借りに行って出産したんです
実家嫌だったんですが他に頼るところもなくて…
最初っからなかなかのインパクトですね…
その当時はモラハラという言葉を知らなかったんですが育児中でも「働いている俺はえらいんだ」と毎晩マッサージをさせられたり
せっせっ
夫
あまりに生活が苦しくてバイトに行っても「お前の仕事なんてたいしたことないんだから早く飯を作れ」と言われたり…そんな生活でした
あと夫の態度も辛かったけど姑がお金を無心してくるのも大変だったんです
姑
結婚祝いや出産祝いが入るとどこからともなく現れて持っていっちゃうんですよ
ええ…
そんな生活に耐えられなくて子どもを連れて友人宅に逃げました
夫を送り出した後に
いってらっしゃい
こそっ
夫
これが私の最初のモラニゲです

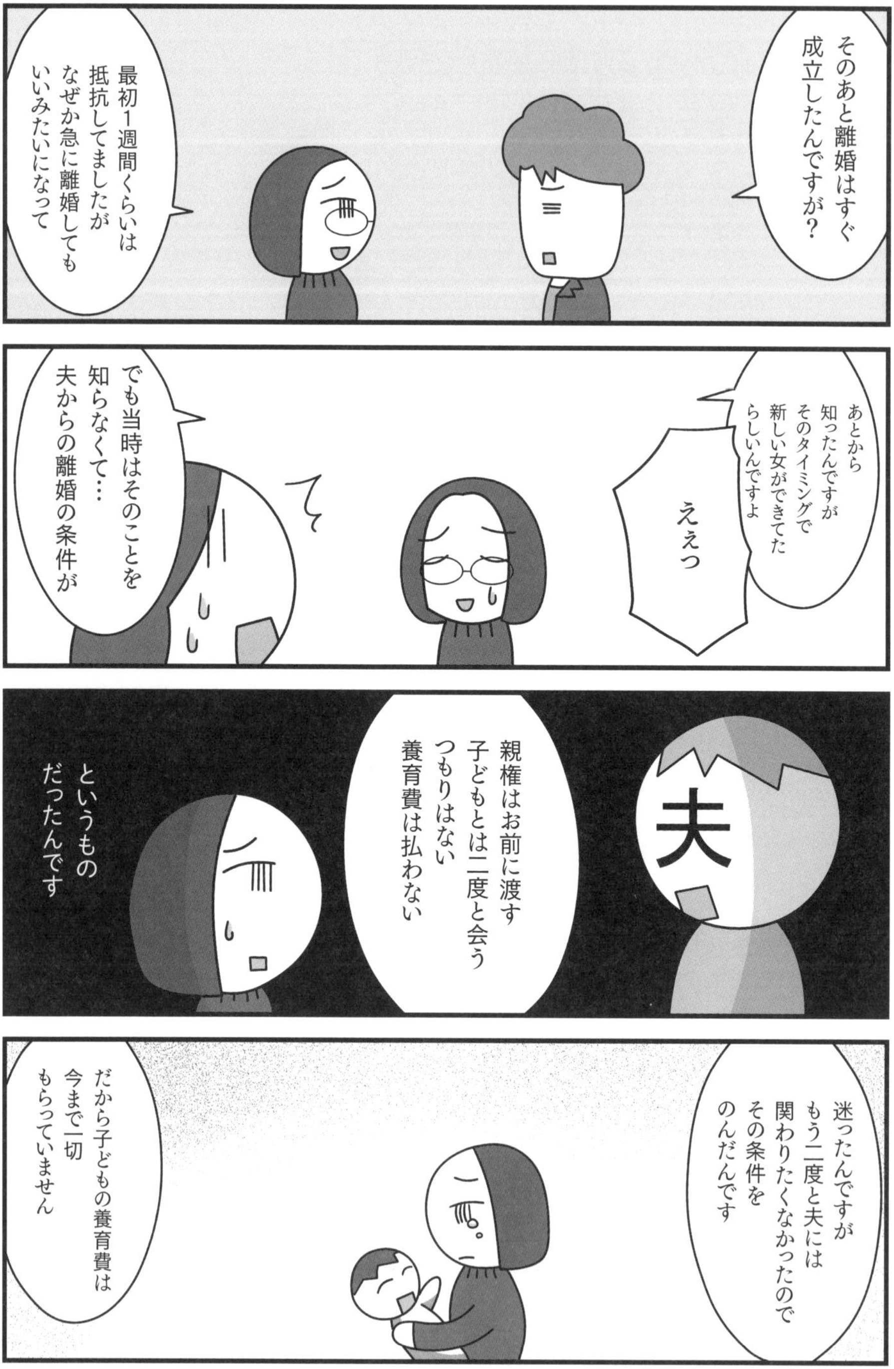
そのあと離婚はすぐ成立したんですが？
最初1週間くらいは抵抗してましたがなぜか急に離婚してもいいみたいになって
あとから知ったんですがそのタイミングで新しい女ができてたらしいんですよ
ええっ
でも当時はそのことを知らなくて…夫からの離婚の条件が
夫
親権はお前に渡す子どもとは二度と会うつもりはない養育費は払わない
というものだったんです
迷ったんですがもう二度と夫には関わりたくなかったのでその条件をのんだんです
だから子どもの養育費は今まで一切もらっていません

女手ひとつで子どもを育てていくのって大変ですよね…
子どもに会わないから養育費を払わないって主張…モラ夫から度々出てくるらしいんです 私も若かったからそういうものかと思ってしまったんですが 今思うとおかしいですよね
それから20代の後半で子連れで2人目の夫と再婚したんです
お子さんのことも受け入れてくれたんですね
はい 夫は子どものことをとても可愛がってくれました
でも2人目の旦那さんもモラハラ…
結婚前は優しかったんですよね?
はい 結婚する前はすごくいい人だったんですけど 結婚後 突然モラハラのスイッチが入ったみたいで
2人目の夫は暴力とかはなかったんですけど とにかく感情の起伏が激しくて
突然不機嫌になるんです
睨《にら》んだり 家具を叩いたり
理由もわからなくて 聞いても教えてくれないんです

急に態度が変わってしまう夫にわけもわからず対処のしようがなくて
夫
何で怒ってるのか聞いてもそんなこともわからないのかって逆にもっと怒るし
気が付くと私は常に夫の顔色を伺って生活をするようになりました
夫
ドン
ビクッ
そのときはそれが当たり前でしたけど今思えばずっと気を張って生活していたので心が休まることはありませんでした
それは…なんていうか辛いですよね
安らげない
ただ暴力はなかった…と言うとおかしいですけど
それぐらいなら我慢できるかなって結局10年以上その状態に耐えていたんです
毎日辛くて苦しくて心は死んだような生活でした
でも二人目の子も授かっていたのでその子まで父親と引き離すには負い目がありました

そんな生活を10年以上…ぞっとしますね…
でもそんな中でえにさんが二度目に逃げようって思ったきっかけって何だったんですか?
きっかけは些《さ》細《さい》なことだったんですが…
いつだったか久しぶりに高校の友人たちと大勢で会う機会があったんです
そこで久々に友達に会ったらまるで高校生のときに戻ったみたいに自由に笑えたんです
そこでふとあれ?ちょっと待てよ?って思って…
私家に帰ったら旦那の顔色を伺ってびくびく暮らしてるけどそれっておかしくない?
本当の私はちゃんとこうやって笑うこともできてたのにどうして家じゃ死んだみたいに無表情で生きてるの?
今の状況っておかしい!
そのとき雷に打たれたみたいにハッとしたんです

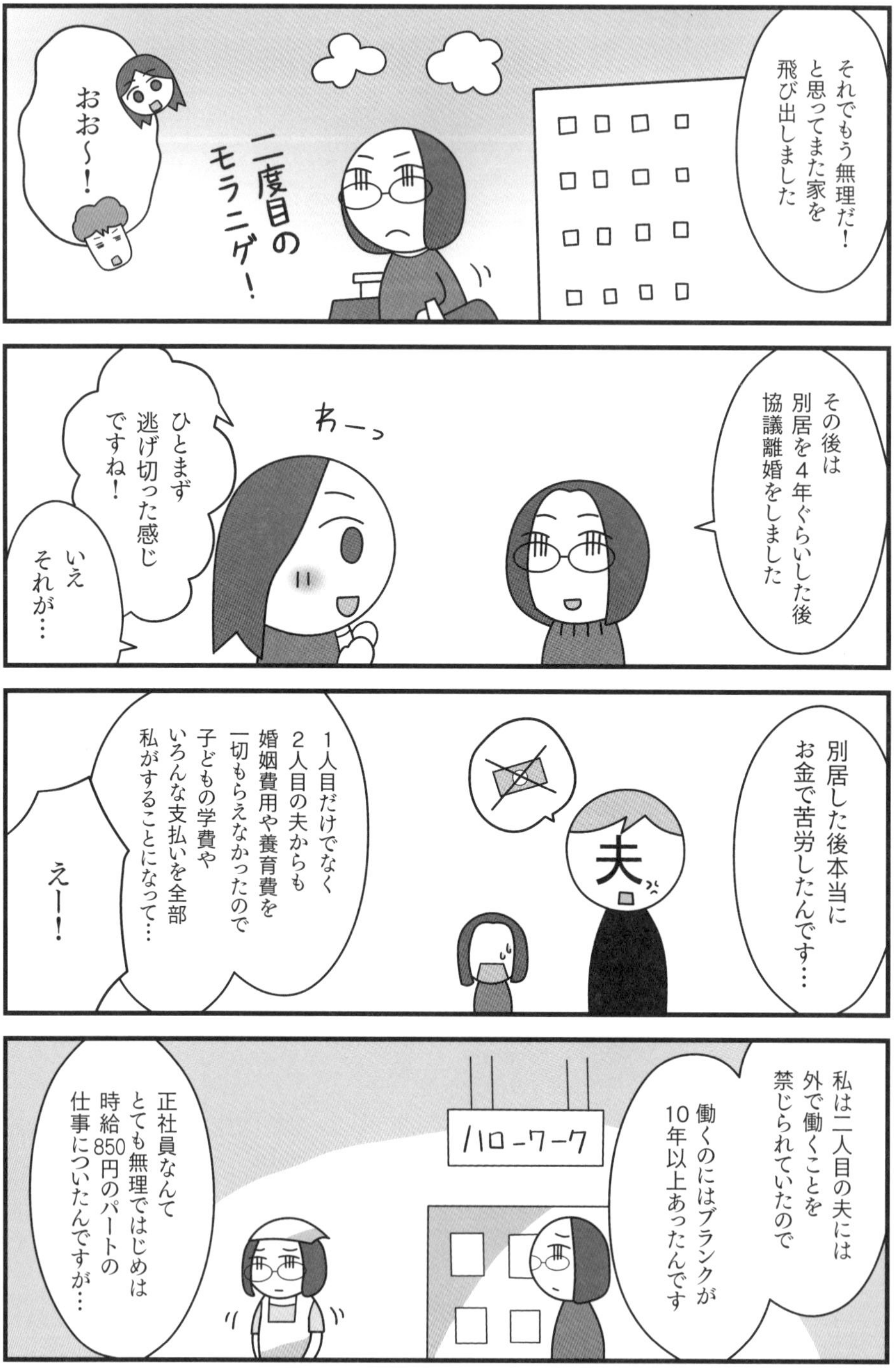
それでもう無理だ！と思ってまた家を飛び出しました
二度目のモラニゲ！
おお～！
その後は別居を4年ぐらいした後協議離婚をしました
ホーっ
ひとまず逃げ切った感じですね！
いえそれが…
別居した後本当にお金で苦労したんです…
夫
1人目だけでなく2人目の夫からも婚姻費用や養育費を一切もらえなかったので子どもの学費やいろんな支払いを全部私がすることになって…
えー！
私は二人目の夫には外で働くことを禁じられていたので働くのにはブランクが10年以上あったんです
ハローワーク
正社員なんてとても無理ではじめは時給850円のパートの仕事についたんですが…

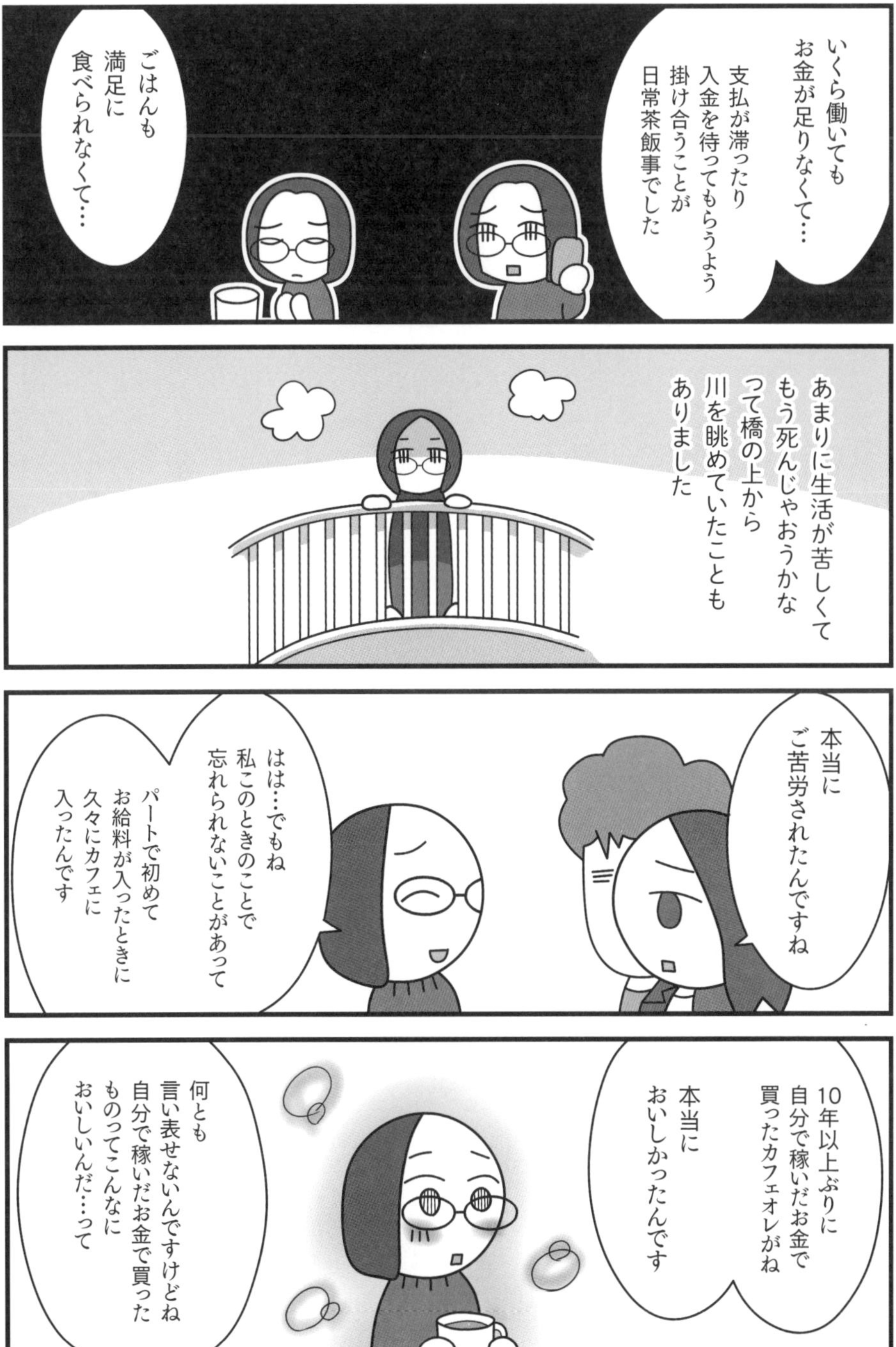
いくら働いてもお金が足りなくて… 支払が滞ったり入金を待ってもらうよう掛け合うことが日常茶飯事でした
ごはんも満足に食べられなくて…
あまりに生活が苦しくてもう死んじゃおうかなって橋の上から川を眺めていたこともありました
本当にご苦労されたんですね
はは…でもね私このときのことで忘れられないことがあって パートで初めてお給料が入ったときに久々にカフェに入ったんです
10年以上ぶりに自分で稼いだお金で買ったカフェオレがね 本当においしかったんです
何とも言い表せないんですけどね自分で稼いだお金で買ったものってこんなにおいしいんだ…って

……
自由の味だ
さんざん苦労しましたが それからなんとか パートから 正社員へ転職して 今は生活も 落ち着いていますよ
正社員に！ すごい！
こんなこと聞くの 失礼ですけど ブランクがあって 働くことは怖く ありませんでしたか？
あのときは子どもの学費を 稼がなきゃいけないから 必死だったというか
どうせ正社員は 無理だと思ったし
社会復帰だと思って 上を見ちゃいけない とにかく採用してくれる ところで一生懸命 働こうって思ったんです
もっと 頑張ります！
仕事ください！
上司
そのときは 今はパートだけど いつか絶対正社員に なってやろうと 思ってましたよ

でも私はいろんなことを
知らなかったんだと
思うんです
Twitterを
始めたのは離婚後生活が
落ち着いてからだったけど
モラハラ
あれはモラハラ
っていうんだとか
養育費をもらえないのは
普通じゃないとか
婚姻費用というものがあるとか
いろんな知識が入ってきて…
それに世の中には
以前の私と同じような
目に遭っている人が
大勢いるんだと驚きました
私は気が付くのに
時間がかかってしまった
けど
心が死んでいた
結婚生活…
夫
夫
もしまだ
気づいていない人がいたら
それに気づいて
ほしいし情報収集を
してほしい…
だからTwitterで
活動をしている
ところもあります
なるほど…
えにさんの活動や
専業主婦から正社員に
なって自立したお話は
今同じ境遇にいる人に
とって勇気づけられる
お話ですよね
とにかく情報って
すごく大事で
友達でもTwitterでも
何でもいいから
絶対得たほうが
いいと私は思っています
うちがおかしいと
気づくきっかけになるので
私は今胸を張って
言えますが
2度結婚していた
ときよりも
逃げだした今の
この生活のほうが
楽しいし
ずっと幸せですよ

男《ぼく》には見えない世界

おつかれー
おつかれさまです
うーん 次の取材対象どうしようかな
ネットで探してみるか…
取材対象は慶太君が探しています
えにさんの話は強烈だったな…
お金がなくてずっと苦労してたみたいだけど…
よく養育費を払わない父親が多いって聞くけど
カタ カタ
大変だな どのくらいなんだろ
離婚後養育費を払っている男性は2割
えっ！これだけ？
シングルマザーの年収も200万前半…
こっちも低い…
これじゃ離婚すると貧困に直結するよな…
モラハラを受けても逃げられない女性が多そう…
男《ぼく》には見えてなかった世界が…
あるのかもしれないな…

Case3

さくらさんの場合

「我慢はしちゃダメなんだ」

―嫁ぎ先は一家全員、モラハラ一族

取材日程メール
しておきました
次の取材は
リモートで
お願いします
リモート？
別にいいけど
どうして？
実は次のニゲ妻さんは
韓国にお住まいなんです
韓国人男性と結婚して
モラハラ被害に
遭われた方なんですよ
韓国!?
色々モラハラを
取材してきて
文化的な面も気になって
国際結婚で
モラハラってあるのかなって
ほら　外国人の旦那さんは
優しいイメージ
あるじゃないですか？
そうかなぁ
ということで
初のリモート取材です

夫との出会いは韓国旅行でした
私が道に迷ってたら声をかけてくれたんです
さくらさん
専業主婦
それから2年遠距離で交際して結婚しました
コミュニケーションは問題なかったんですか?
私も以前から韓国語を勉強していましたし彼も日本語が話せました彼のお兄さんのお嫁さんも日本人なんですよ
外国に嫁いでも日本人が近くにいるって心強いですね
あ　いえ　それが
私の場合夫のモラハラもありましたが義理の姉（日本人）のモラハラも相当ひどくて
嫁いだ先が一家全員モラハラをして生きているモラハラ一族だったんですよ

モ
モラ一族？
はい　それに
韓国は儒教の影響が強く
年上を敬う文化なんです
だから年齢順で
一番偉いのは義理の両親
その次は義兄夫婦
そして夫、最後が私
家族に階級が!?
はい　だから私が
嫁に行くまでは
家の中で一番立場が
弱かったのが義姉
だったんですが
姉
私が嫁いだことで
急にいじめる側に回って
自分もずっと耐えてきたんだから
お前も耐えろって言われました
具体的にどんな
モラハラを？
夫と家族どっちから
聞きたいですか？
選択肢があるのも
辛いですがまず
旦那さんで！
了解です
夫はまず結婚直後
急に仕事を辞めて
働かなくなったんですが
えっ!?
一日中家で
寝ている
夫
それから3年定職に
就かなくて
渡される生活費は
月3万円でした
食費だけじゃ
なくて日用品や交通費など
すべてを含めた金額です

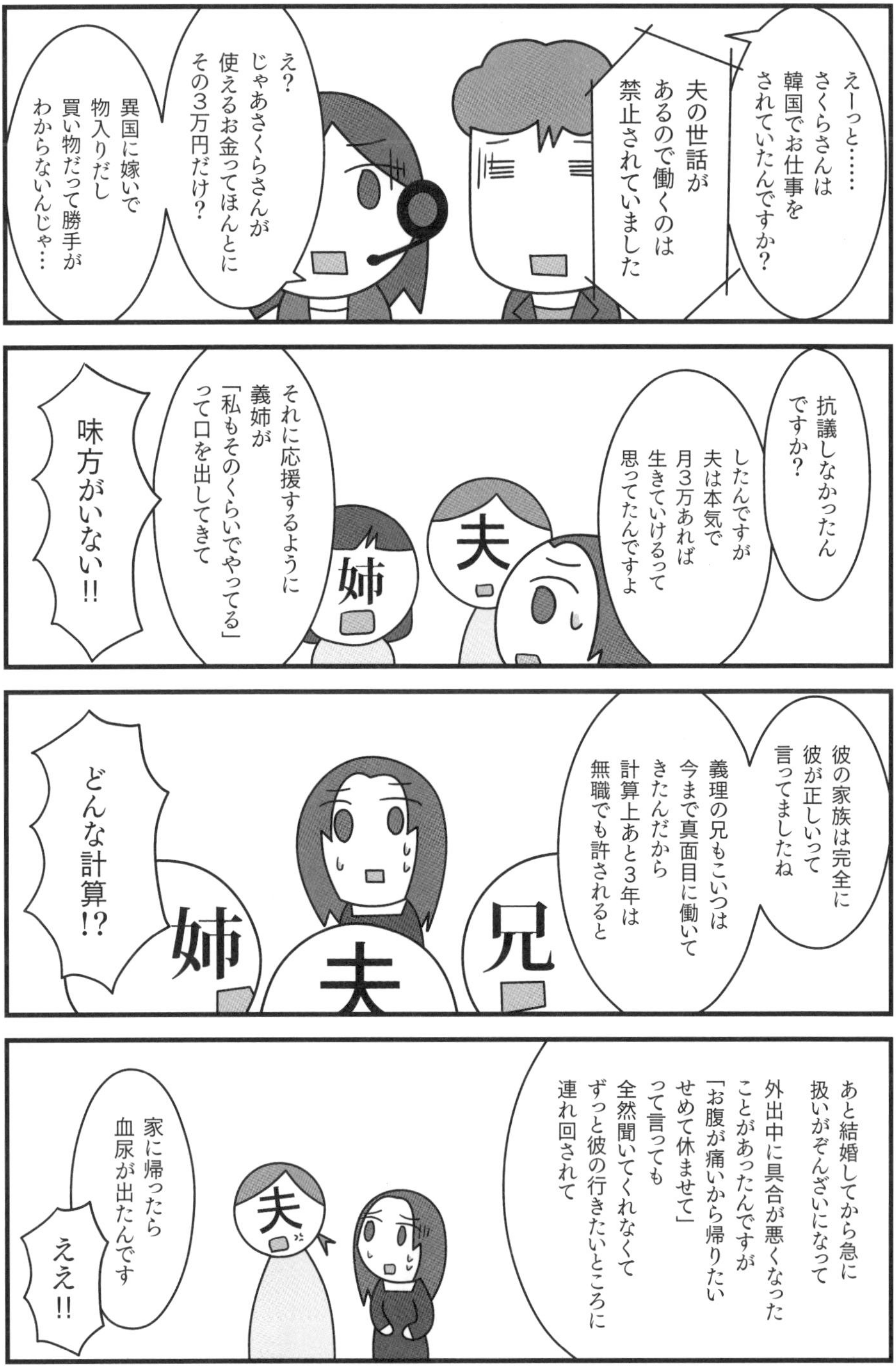
えーっと…… さくらさんは 韓国でお仕事を されていたんですか？
夫の世話が あるので働くのは 禁止されていました
え？ じゃあさくらさんが 使えるお金ってほんとに その３万円だけ？
異国に嫁いで 物入りだし 買い物だって勝手が わからないんじゃ…
抗議しなかったん ですか？
したんですが 夫は本気で 月３万あれば 生きていけるって 思ってたんですよ
夫
それに応援するように 義姉が 「私もそのくらいでやってる」 って口を出してきて
姉
味方がいない!!
彼の家族は完全に 彼が正しいって 言ってましたね
義理の兄もこいつは 今まで真面目に働いて きたんだから 計算上あと３年は 無職でも許されると
兄
夫
姉
どんな計算!?
あと結婚してから急に 扱いがぞんざいになって 外出中に具合が悪くなった ことがあったんですが 「お腹が痛いから帰りたい せめて休ませて」 って言っても 全然聞いてくれなくて ずっと彼の行きたいところに 連れ回されて
家に帰ったら 血尿が出たんです
夫
ええ!!

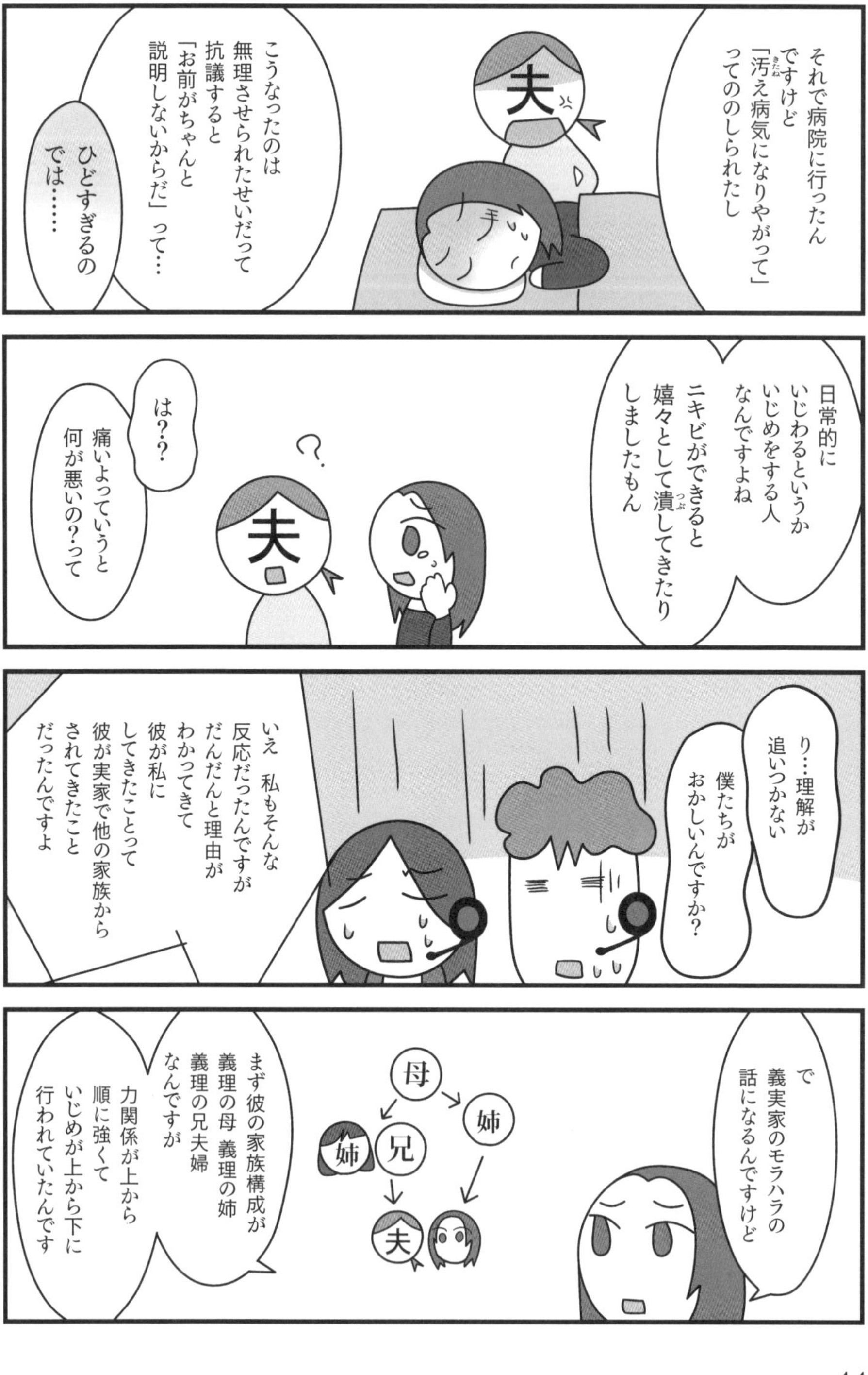
それで病院に行ったんですけど「汚え《きたね》病気になりやがって」ってののしられたし
夫
こうなったのは無理させられたせいだって抗議すると「お前がちゃんと説明しないからだ」って…
ひどすぎるのでは……
日常的にいじわるというかいじめをする人なんですよね
ニキビができると嬉々として潰《つぶ》してきたりしましたもん
夫
は？？
痛いよっていうと何が悪いの？って
り…理解が追いつかない
僕たちがおかしいんですか？
いえ 私もそんな反応だったんですがだんだんと理由がわかってきて彼が私にしてきたことって彼が実家で他の家族からされてきたことだったんですよ
で 義実家のモラハラの話になるんですけど
母
姉
姉
兄
夫
まず彼の家族構成が義理の母 義理の兄夫婦 義理の姉なんですが
力関係が上から順に強くていじめが上から下に行われていたんです

その力関係といじめを誰もおかしいと思っていないみたいで
少し前まで義理の父が生きていたんですが
義
父
義
母
平気で一日洗ってない足をくさいだろーー！と言いながら義母の顔に押し付けてなめるように言う人だったので
絶句…
義母は義理の姉と義理の兄夫婦をいじめて義理の兄夫婦が夫と私をいじめる
そんな構造ができてました
兄
姉
義理の兄夫婦は夜中の2時3時に平気で私たちの家に来て
勝手に食べ物を持って帰ったり電化製品を盗《と》っていったりするんです
義理の兄は結婚する前は優しかったのですが結婚してからは途端に横柄になって
私が妊娠したら「予定（何の？）より2ヵ月早いから堕ろせ」と平気で言ってきたり
兄
姉
義姉は声が大きくてどんな間違ったことでも大声で言えば通ると思ってる人で
私の家を保育園代わりにして甥っ子の面倒を見させようとしたりともう散々で
義姉もそうだったんですけど韓国に嫁に行った日本人妻のコミュニティーって
みんな大なり小なり私と同じような目に遭っていたんですが
そのくらいフツーよ～
嫁
私なんかねー
嫁
「私たちも耐えたんだからお前も耐えろ」みたいな圧があったんですよね
悪しき風習すぎる…

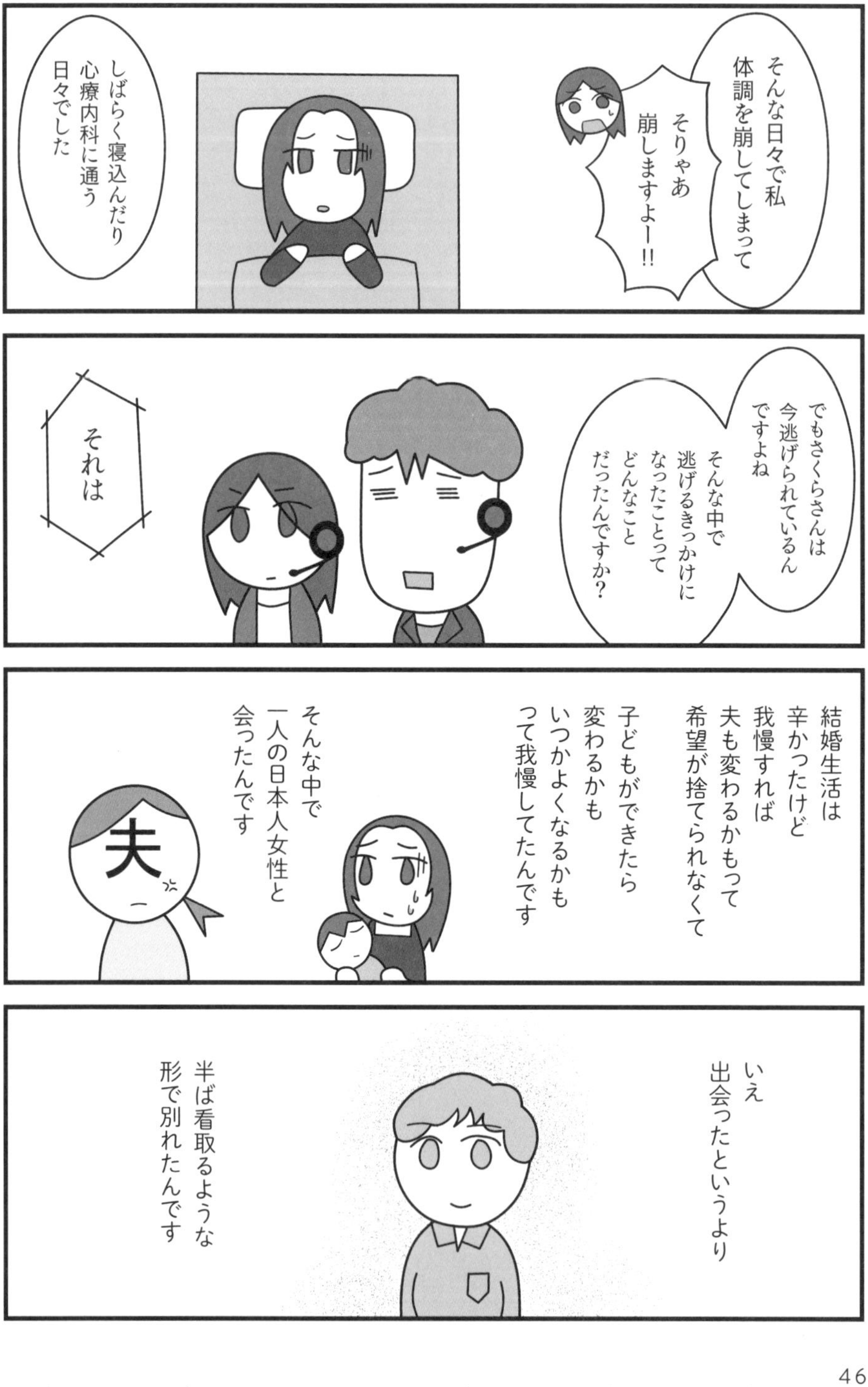
そんな日々で私体調を崩してしまって
そりゃあ崩しますよー!!
しばらく寝込んだり心療内科に通う日々でした
でもさくらさんは今逃げられているんですよね
そんな中で逃げるきっかけになったことってどんなことだったんですか?
それは
結婚生活は辛かったけど我慢すれば夫も変わるかもって希望が捨てられなくて
子どもができたら変わるかもいつかよくなるかもって我慢してたんです
そんな中で一人の日本人女性と会ったんです
夫
いえ出会ったというより
半ば看取るような形で別れたんです

その人は私より早く
韓国に嫁いで
来ていた人で
近所に住んでたんですが
あまり交流もない
人でした
その人は子どもが4人
いたんですが
うちと同じように
旦那さんが仕事辞めて
無職になって
彼女が朝から晩まで
パートの掛け持ちをして
子どもの学費や
生活費を稼いでいました
でもその激務のせいか
40代で癌になって
しまって
それでも旦那さんが
医療費の支払いをしぶって
ろくに治療も
受けられずに亡くなって
しまったんです
亡くなる少し前に
少しだけ彼女と
話す機会があって
そうしたら彼女
「死ぬときだけは
絶対にあの夫に
看取られたくない!」
って言ったんです…

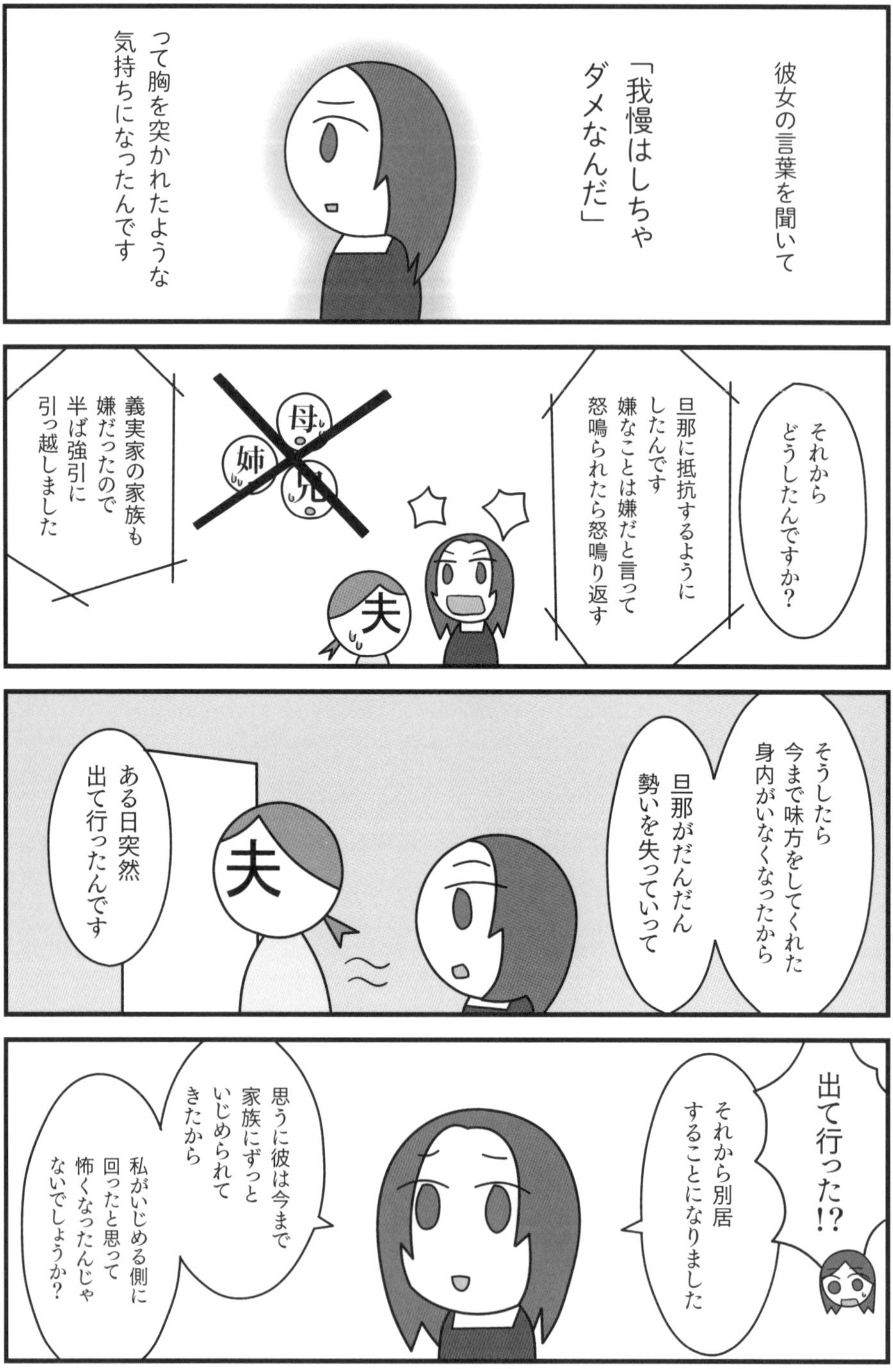
彼女の言葉を聞いて
「我慢はしちゃダメなんだ」
って胸を突かれたような気持ちになったんです
それからどうしたんですか?
旦那に抵抗するようにしたんです
嫌なことは嫌だと言って怒鳴られたら怒鳴り返す
母
兄
姉
夫
義実家の家族も嫌だったので半ば強引に引っ越しました
そうしたら今まで味方をしてくれた身内がいなくなったから
旦那がだんだん勢いを失っていって
夫
ある日突然出て行ったんです
出て行った!?
それから別居することになりました
思うに彼は今まで家族にずっといじめられてきたから
私がいじめる側に回ったと思って怖くなったんじゃないでしょうか?

それから 私は子どもと2人で 暮らしています
夫とはたまに 連絡を取ってはいますが
今は以前のような 恐怖はなく 穏やかな気持ちで 過ごせています
さくらさんの場合は 物理的にというよりも 精神的に逃げ切った 感じがしますね
はい 私のケースは特殊 かもしれないですが
私は結婚して以来 苦しい気持ちを まわりに否定され続けて きたんだと思います
義理の家族や夫 まわりの日本人妻たちに
夫
母
姉
兄
妻
妻
我慢するのが 当たり前だ
このくらいやって 当然だ できない お前が悪いって
その呪縛から 脱出したこと
嫌なことを 嫌だって 自分の心に正直に 行動できるように なったこと
それが私の モラニゲだったと 思います

ゆみの場合①

ピコン
杏からだ…
WEBでマンガの連載を始めたよ～
連載…
「モラニゲ」?
これってもしかして
私のこと…?
逃げたほうがいいよ!
杏 心配してるんだろうな…
杏の気持ちはありがたいんだけど…
和彦さんのこと悪く言われると…
自分が悪く言われてるみたいで辛いんだよね
あんな男別れなよ～
ズキッ
男見る目ないって言われてるみたい
いいところだってあるよね
前は優しかったし厳しいのは私のためなんだし…
私がちゃんとした人間になれば優しいあの人に戻ってくれるんだ
頑張ろう…

Case4

ミレイさんの場合

「何でもっと早く言わなかったんだろう」

―助けてって言うだけで手は差し伸べられたのに

はじめましてミレイです
今日はよろしくお願いしまーす
ペカー
う、美しいー
ビカーーッ
今日のモラニゲ妻は心理コーチをしているミレイさんです
ミレイさん
職業：心理コーチ
こんな綺麗な人がモラハラに！
ああ……でも今まで取材に協力してくれた人たちもみんな綺麗だった
いいお嫁さんって感じの……
モラ夫……許せませんね

結婚されたのはおいくつの頃ですか？
25です
わりと早いですよね？
相手は6つ上だったんですけどぐいぐい押されて付き合って1年ぐらいで結婚しちゃったんですよね
でもミレイさんめちゃくちゃモテそうですけど元夫さんのどういうところに惹かれたんですか？
あ〜それは
私は海外の学校に行っていて友達も帰国子女とか華やかな交友関係の子が多くて
毎週タワーマンションでパーティとかやってたんです
パリピ!?
そうするとチャラい男性と多く会うんですそんな中元夫は日本の一流企業のサラリーマンで
夫
安心感と信頼感があったんですよね親に紹介しても絶対喜ばれるだろうなーって
なるほど

男らしいところもあったんですよ
結婚する前から「仕事が辛かったら辞めていいよ」とか「専業主婦になっていいよ」とかすごく言われたし
ゆくゆくはヒルズに！
たくさんパーティしよう！
夫
「毎月海外旅行に連れて行くからね」「高級マンションに住もうね」「君のために素敵なドレスをオーダーメイドで作るよ」とか言われて
それは結婚したくなっちゃいますね…
で 25で結婚してすぐに妊娠したので言われた通り仕事も辞めたんです
順風満帆に見えるのですがモラニゲしたということはその後……
はいモラハラとDVで本当に大変な目に遭いました
モラハラが始まったのはいつくらいなんですか？
うーん夫がヤバイと思い始めたのは出産直後です
でもモラハラは突然じゃなくて徐々に支配されていた気がするんです
徐々にですか？
結婚直後は私の実家の近くに住んでたんですけど通勤が大変だって彼の職場の近くに引っ越したんです
それで簡単に実家にコンタクトが取れなくなりました
父
母
夫
スマホ
夫
あと妊娠して私が仕事を辞めて無収入になると食費も日常品も全部彼にお願いしないと買わせてもらえなくなりました

お金は自由にさせてもらえなかったんですか？結婚前はずいぶん羽振りのいいこと言ってましたけど
それが結婚してからは全然違って！贅沢どころか必要なものでも出し渋るようになったんですよ
例えば梅雨の時期にカーテンにカビが生えちゃったことがあったんですけど「買い替えようよ」って言っても「別に必要ないだろ」って言われてずっとそのカーテンを使うことになったり
お金がないわけじゃないんですよ　稼いでるしでも金の使い道は全部俺が決めるみたいになっちゃって
夫
専業主婦になれって言っておきながら経済的に頼りにしてるの逆手に取られた印象ですね
夫
彼に反論するとすぐ「引っ越せ」「新しいマンションを契約して出て行け」とかいうんですよ
こっちは無職だし出産直後で働けないのに
夫の最初の暴力も同時期に始まって
あるとき育児のことで喧嘩になって着ていた洋服を思い切り投げつけられたんです
夫
その時すごくびっくりしてえ？　何これDV？でもケガもないしDVとは言わないのかなって茫《ぼう》然としちゃって

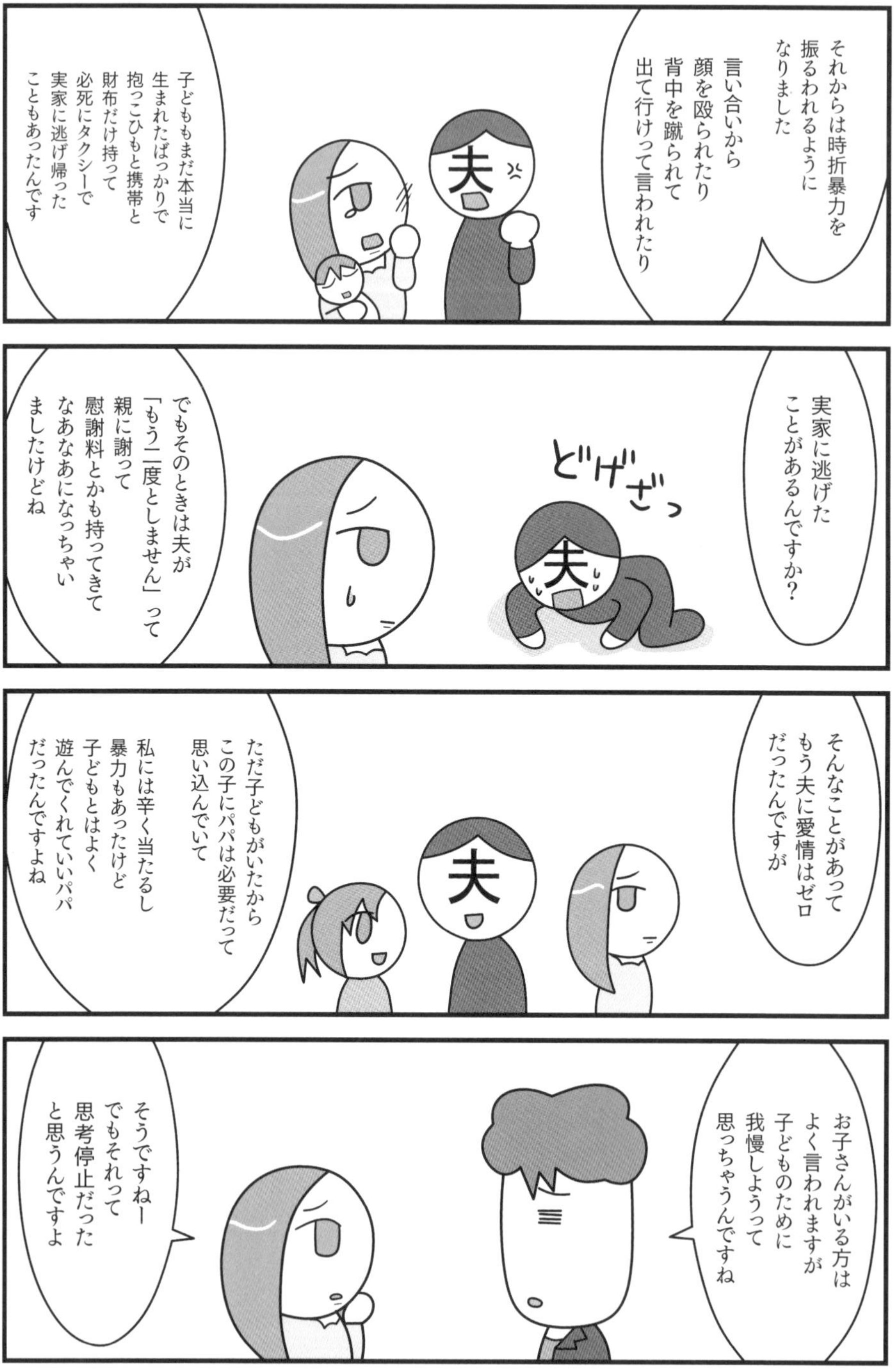
それからは時折暴力を
振るわれるように
なりました
言い合いから
顔を殴られたり
背中を蹴られて
出て行けって言われたり
夫
子どももまだ本当に
生まれたばっかりで
抱っこひもと携帯と
財布だけ持って
必死にタクシーで
実家に逃げ帰った
こともあったんです
実家に逃げた
ことがあるんですか?
どげざっ
夫
でもそのときは夫が
「もう二度としません」って
親に謝って
慰謝料とかも持ってきて
なあなあになっちゃい
ましたけどね
そんなことがあって
もう夫に愛情はゼロ
だったんですが
夫
ただ子どもがいたから
この子にパパは必要だって
思い込んでいて
私には辛く当たるし
暴力もあったけど
子どもとはよく
遊んでくれていいパパ
だったんですよね
お子さんがいる方は
よく言われますが
子どものために
我慢しようって
思っちゃうんですね
そうですねー
でもそれって
思考停止だった
と思うんですよ

今思えば彼はものすごく
幼稚というか
ありとあらゆる手で
私に嫌がらせをして
困らせたかったんだと
思います
夫
私を傷つけて
「俺はえらいぞ」って
威張ってたんですよ
彼はよく
「俺は家長だ！ 敬え！」
って言ってました
暴力も当たり前
経済DVもある
でも子どもがいるからと
我慢していた
壮絶ですね
そんな中逃げた
きっかけは
何だったんですか
うーん
それはですね
実は私も必死に
心理学を勉強して
相手を怒らせない方法や
上手くいさめる方法を
研究して
なんとか彼のモラハラや
DVをかわせるように
なっていったんです
え！
すごいじゃないですか！
でもね
そしたら夫は私が
前よりダメージを
受けてないぞって
気づくようになって
夫
攻撃の矛先が
別のところ—
娘に向くように
なったんです

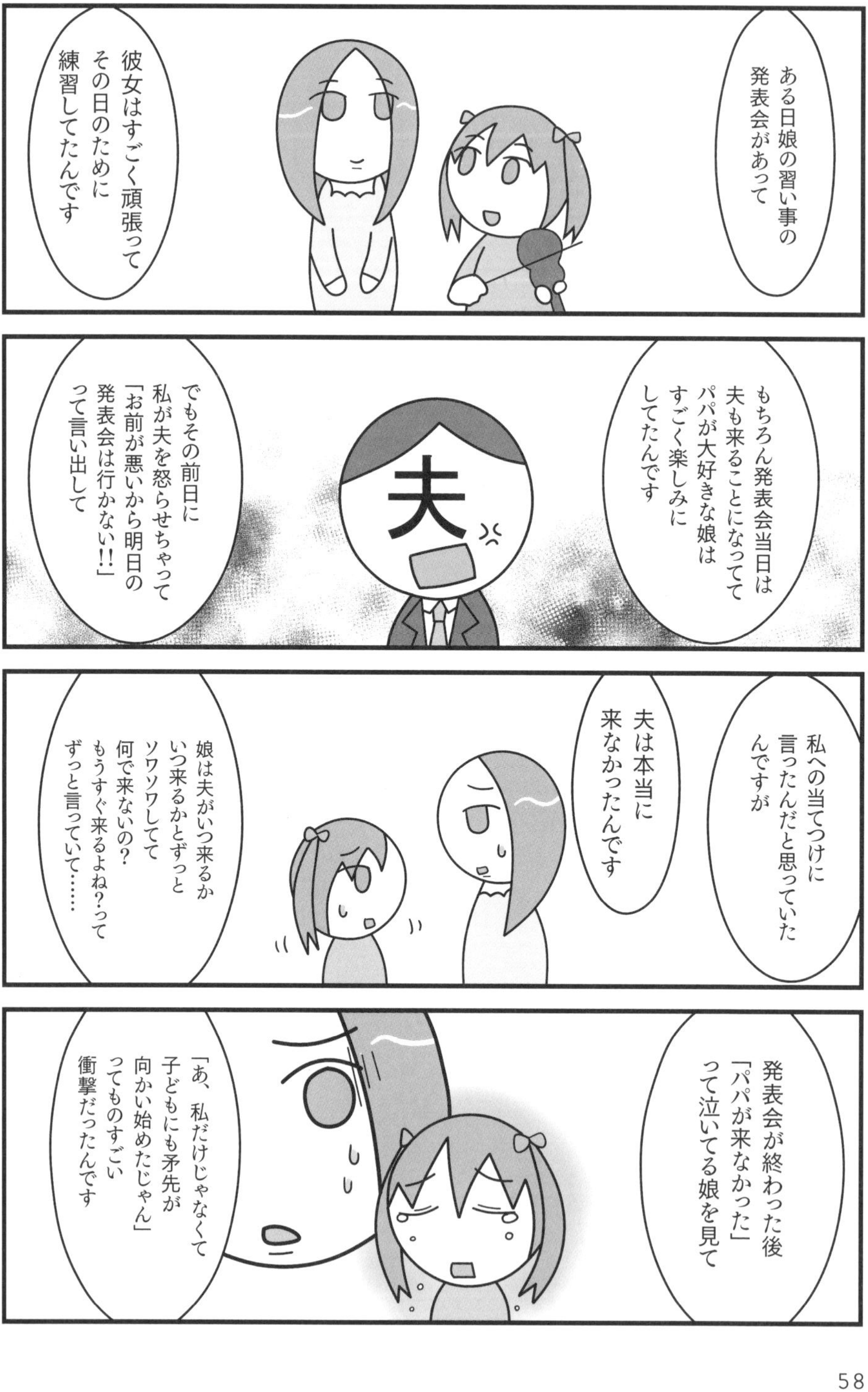
ある日娘の習い事の発表会があって
彼女はすごく頑張ってその日のために練習してたんです
もちろん発表会当日は夫も来ることになってててパパが大好きな娘はすごく楽しみにしてたんです
夫
でもその前日に私が夫を怒らせちゃって「お前が悪いから明日の発表会は行かない!!」って言い出して
私への当てつけに言ったんだと思っていたんですが
夫は本当に来なかったんです
娘は夫がいつ来るかいつ来るかとずっとソワソワしてて何で来ないの?もうすぐ来るよね?ってずっと言っていて……
発表会が終わった後「パパが来なかった」って泣いてる娘を見て
「あ、私だけじゃなくて子どもにも矛先が向かい始めたじゃん」ってものすごい衝撃だったんです

私はたぶん離婚は悪いことだというバイアスにかかっていたんです
子どもはパパがいたほうが幸せだって勝手に思い込んでいた
でも夫は子どもを傷つけたー…
私がそうさせてしまったんだって
今まで我慢してきたものがその時一気に噴き出したんです
それではっきり「もう無理だー!」って思って
カバンがないからゴミ袋に7袋分
実家に電話して「今から帰る!」って言ってビニール袋に大事なものだけ入れてタクシーに飛び乗ったんです
うわあ一気に状況が動きましたね
それと同時に私Twitterを始めたんですよ Twitterで友達に自分がされていること今の状況を思いつくままに書いていったんです
きっと吐き出すところがほしかったんでしょうね
そしたら友達がどんどん反応してくれて「実は私もこんなモラハラに遭ってた」って励ましてくれたり
「いい弁護士紹介する」って本当に紹介してくれてその弁護士さんのおかげですごくスムーズに離婚できたんです
急転直下だ!

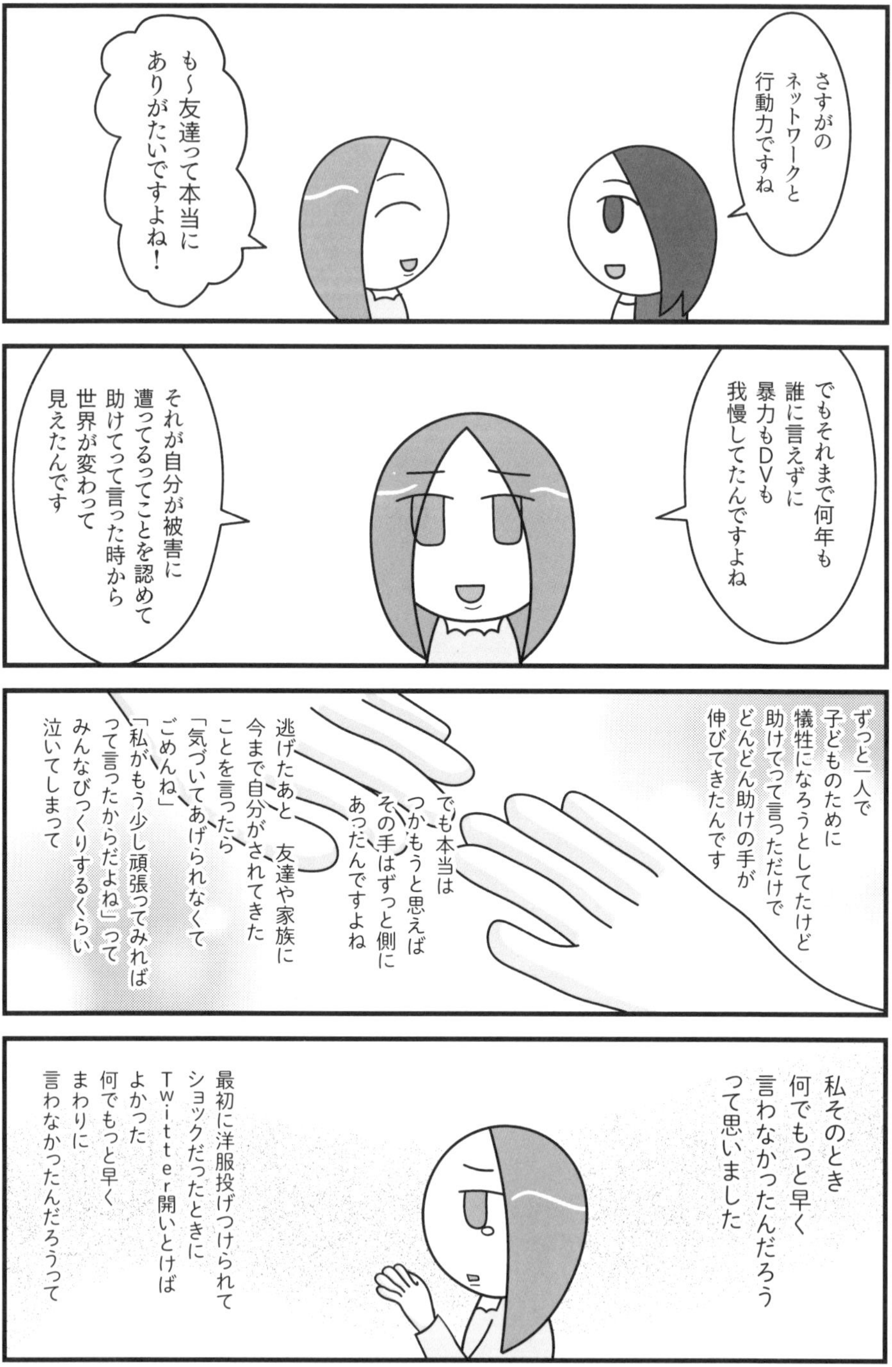
さすがのネットワークと行動力ですね
も～友達って本当にありがたいですよね!
でもそれまで何年も誰に言えずに暴力もDVも我慢してたんですよね
それが自分が被害に遭ってるってことを認めて助けてって言った時から世界が変わって見えたんです
ずっと一人で子どものために犠牲になろうとしてたけど助けてって言っただけでどんどん助けの手が伸びてきたんです
でも本当はつかもうと思えばその手はずっと側にあったんですよね
逃げたあと　友達や家族に今まで自分がされてきたことを言ったら「気づいてあげられなくてごめんね」「私がもう少し頑張ってみればって言ったからだよね」ってみんなびっくりするくらい泣いてしまって
私そのとき何でもっと早く言わなかったんだろうって思いました
最初に洋服投げつけられてショックだったときにTwitter開いとけばよかった何でもっと早くまわりに言わなかったんだろうって

大切な気づきですね！
ミレイさんが今同じような境遇にある人にアドバイスするとしたら早く助けを求めることの他に何かありますか？
そうですね「精神的、経済的な自由を手に入れて」ってことかな！
私は夫がお金をくれないから家でできる仕事を始めたんですが離婚には何はなくても先立つものは必要だし私は仕事で思いがけず稼げていたおかげでいい弁護士も雇えたし夫から逃げられたんですよ
なるほどモラニゲにはお金が大事
なんか…お姫様みたいにするよって言われて結婚したミレイさんがそういう結論に行き着いたのっていいですね
そう　誰かに欲しいものを買ってもらう生活より自分で買う生活のほうがいいですよ高級マンションもドレスもないけど今すごく幸せです！

ゆみの場合②

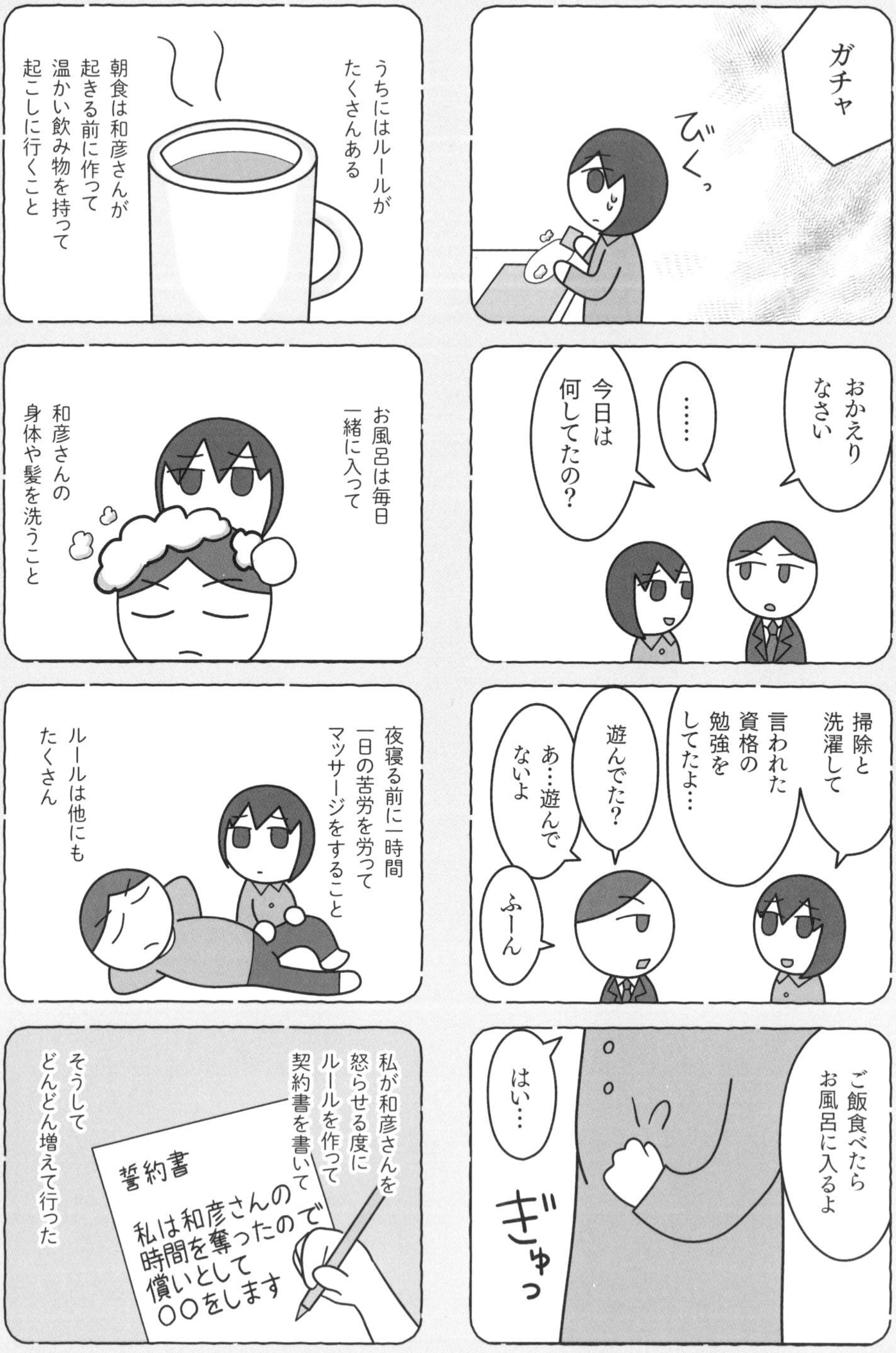
ガチャ
びくっ
おかえりなさい
……
今日は何してたの?
掃除と洗濯して言われた資格の勉強をしてたよ…
遊んでた?
あ…遊んでないよ
ふーん
ご飯食べたらお風呂に入るよ
はい…
ぎゅっ
うちにはルールがたくさんある
朝食は和彦さんが起きる前に作って温かい飲み物を持って起こしに行くこと
お風呂は毎日一緒に入って
和彦さんの身体や髪を洗うこと
夜寝る前に一時間一日の苦労を労ってマッサージをすること
ルールは他にもたくさん
私が和彦さんを怒らせる度にルールを作って契約書を書いて
誓約書
私は和彦さんの時間を奪ったので償いとして〇〇をします
そうしてどんどん増えて行った

Case5

レイコさんの場合

「もう消えたい」―無視、罵倒、暴力…
ズタズタにされた自尊心とそれでも守りたかったもの

今回取材に協力してくださるレイコさんの資料メールで送りました見といてくださいね
モラハラに関するブログを書いていらっしゃる方でお声がけしました
はーい
ありがとう
ところでモラハラに関するブログやSNSをやっている人って意外と多いんですね
僕はこの企画やるまでモラハラのこともあまり知らなかったからびっくりしました
へ〜
モラハラブログ……
ほんとだたくさんある
うわあキツイな
それだけ被害に遭ってる人がたくさんいるのか…
今まで気づくことすらできなかったんだな…

結婚は早かったですね
レイコさん
職業：非公開
夫の大学在学中から付き合っていて卒業したらすぐ籍を入れて
夫の実家は地方だったので結婚と同時に引っ越しました
旦那さんはどんな人でしたか？
細かい人でしたね あと友達が少なかったかなぁ
東京でも地元に帰っても友達と呼べる人がいなくて
夫
人との接し方もどこか上から目線で後輩とか部下とかは「子分」みたいに扱ってるところがあって
今思えばモラハラの片鱗でしたね
そういえばモエさんの取材でもモラ夫は友達少ないって言ってたな
共通点…
なるほど…モラハラはいつくらいから始まったんですか？
これはモラハラだと確信したのは結婚して5、6年経ってからですが
今思うと結婚してすぐの頃からじわじわと始まっていた気がします
それは結婚・妊娠・出産持ち家購入と人生のイベントが進むたびひどくなっていったんです

具体的には どんなモラハラ でしたか？
夫
まず育児や家事を 一切しなかったです 出産直後に体調が悪くて 洗い物を頼んだら 「俺に頼るな」って すごい冷たい目で 見られて
それからは 無視されるように なりましたね 最長2ヵ月くらいかな
えっ 夫婦なのに 無視するんですか？
そう 私がいくら話しかけても 全部無視 まるでいないみたいに 扱うんです
一緒に暮らしてるのに 無視するって ひどいなあ
夫
私のことは無視するけど 子どもには 反応するんです
私しかいないと思って 睨んだら思いがけず 隣に子どもがいて 急に満面の笑顔に なったりして
露骨!!
あと機嫌の悪いときは 物に当たるし 家の壁に 穴を開けたことも ありました
私を馬鹿にするような 言葉はしょっちゅうで 暴力はそこまで なかったけど 3回くらい殴られたかな
夫
えっ DVも あったんですか！

ええでも DVって言うと ぼこぼこに殴られるもの だと思い込んでいて だから私はそれを DVだって認識して なかったんです
姉
旦那のお姉さんに 愚痴ったことも あるんですけど 「男なんてそんなもんよ 私も叩かれてるし」 って言われて そんなもんか…って 思っちゃって
まわりの同調圧力怖い
結局そんな生活を 11年も 我慢しちゃいましたね
長いですね
何でそんなに 我慢しちゃったんで しょうか……
失礼ですが…
私 結構 我慢強いん ですよね
私は母子家庭で 母が働いていたんですが 職場によく連れて いかれてたんです
そこでおとなしく 待っていたら職場の人に 「おりこうさんね」って 褒められたんです
それで いい子でいること 我慢することが いいことなんだって 無意識に思うように なっちゃったんだと 思うんです

だから
夫のモラハラが
始まったときも
反発して場の雰囲気が
悪くなってしまうのが
嫌で
我慢したり
なんとか改善しようと
気を使ったり
してたんです
夫
でもそのせいで夫には
自分が不機嫌になると
こいつは我慢するぞ
って思われてたみたいで
それが負の連鎖になって
モラハラがエスカレート
していったんです
あと子どもが生まれると
どうしても子どもが
中心になっちゃって
自分をメインで
扱わないのが
相当不満だった
みたいですね
夫
う〜ん
それで出産で
モラハラが
エスカレートしたのか
無視に
罵倒に
暴力か
レイコさんの結婚生活
私たちには想像しか
できないけど
お辛かったでしょうね
そうですねえ
自尊心はもうズタズタで
結婚していたとき
ずっと消えたいって
思ってました

消えたい…ですか？
夫
ええ夫と一緒に生活をしていると無視されるし
ひどい言葉を言われる母親失格とか人間失格とかね
そうすると自分という存在の価値がどんどん下がっていく
生きてる価値がないから死んじゃえばいいんだと思うようになる
でも私が死ぬときっと子どもの記憶に残ってしまう
それはかわいそうだから子どもの記憶からも私を消したい
だから「消えたい」
結婚生活は辛かったけど逃げられなかった
私は父がいなかったから両親のいる家庭に憧れてたし
子どもには父親が必要かなとか
離婚したら経済的に困るんじゃないかとか
グルグルと考えちゃって
それだけ追い詰められてたんでしょうね
結婚当時に書き殴っていたノートには「私には死ぬ勇気も離婚する勇気もないんだ」って書いてあったんです

…っ
そこまで追い詰められたうえでレイコさんは逃げられたということでしたが逃げようと思ったきっかけはなんだったんですか？
子ども…でした
お子さん？
子どもが大きくなるにつれて将来の希望が出てきたんですけど夫がそれにちょくちょく反対するようになってきて
夫
例えば進学したいとか留学したいとか子どもが言うと「そんな態度じゃダメだ」って反対したり何かと言い訳をつけて許可しなかったりしたんです
どうやら夫は子どもが自分よりいい立場に立ったり優遇されるのが許せなかったみたいで
私は結婚生活を子どもを支えにして耐えていたので子どもの夢を妨害したり子どもの成長を妨げる父親なら我慢する意味ないんじゃないかってそこでスコンと「離婚しよう」って浮かんできたんです

子どもたちも薄々両親の関係がおかしいってことに気づいてたんでしょうね
私が家を出るってことを伝えると全然反対もしませんでした
実際にどうやって逃げられたんですか？
ネットで弁護士事務所を探して相談に行きました
田舎だからあんまりモラハラに理解のある法律家がいなかったんですが
たまたまモラハラに詳しい行政書士さんを見つけて別居についてのアドバイスをもらえたんです
私もモラハラで逃げました
まず新しく住むための部屋を探して
うちはペットがいたのでペット可のところで子どもたちも学校に通える範囲の物件を見つけました
そしてすぐに手配できる引越し業者を探しました
そしたらたまたま翌日にトラックを出せる業者が見つかったので
OK!
〇〇さんへ
そこに任せて置き手紙を置いて逃げました

引越しはどのくらいで終わったんですか?
急いでやったので1時間くらいでした
早っー・
行政書士さんからアドバイスをもらって絶対必要なものをリストアップしていたんです
あと子どもたちにもあらかじめ何を持っていきたいか聞き出していました
引っ越しが終わった日は段ボールばかりの中で子どもたちとお弁当を買ってきて食べたんですけど
解放されたって気持ちですごくうれしかったのを覚えています
逃げた後旦那さんからリアクションはありましたか?
夫
ありましたよ～メールもLINEもガンガン来ました「誰に吹き込まれたんだ!」「誰の入れ知恵だ!」って
逃げたのと同時に離婚調停を申し立てたのに学校から子どもの後を付けて別居先に押しかけられたり
夫
ずっと「話せばわかる!」の一点張りで結局調停でも別れられず離婚裁判まで進んでやっと離婚できました
やっぱりモラ夫って執着がすごいですね…

現在の生活はどうですか？
私も子どももののびのびと暮らせてますね
裁判離婚で時間がかかったけど養育費のこととかちゃんと決めてもらえてよかったです逃げられなかった要因に経済的な不安が大きかったので
消えてしまいたいくらいに追いつめられても離婚に踏み切れなかったのは子どもが３人いて一人で育てられる自信がなかったからなんです
別居しても婚姻費用を請求できると知っていたらもっと早く逃げられたかも…あのとき知識がなかったことを今はちょっと悔いてますね
知識ですか？
そうなんです色々不安だったけど実際逃げてみたら大丈夫だったというか…
EXIT
「逃げても大丈夫なんだよ」ってわかっていたらもっと早く決心がついたのにって
だから逃げるか迷ってる人はまず知識を
財産分与とか婚姻費用とかの知識を持ってるだけでもだいぶ逃げる勇気が出るんじゃないかと思うんです

ゆみの場合③

最近
夜なかなか眠れない
そのせいで朝も
起きられなくなった
温かい飲み物を淹れて
起こすと言うルールが
守れない
おい！
どうなってるんだよ！
和彦さんの怒声で
起こされる
はっ
日中頭がぼーっとする
単純な作業も
ミスしてばかり…
和彦さんに
人格障害だと言われて
精神科病院へ行くと
医
鬱状態だと診断された
病院に行ったら
鬱病だって…
療養が必要だって
言われたの…
ふーん
そうやって
病気に逃げるんだ
え…
逃げる…？
そう
逃げる
君はいつも
辛いことから
逃げようとする
だから僕が
鍛えてあげてるんだ
逃げるな！
逃げるな！
この卑怯者！

Case6

ナオコさんの場合

「調子に乗るな」「はしゃぐんじゃない」
—夫作成の謎ルール。気づいたら笑えなくなっていた

今日取材させていただくモラニゲ妻のナオコさんです
よろしくお願いします!
元夫は勤め先の先輩でした
結婚後相手は転職しましたけど
ナオコさん
職業：会社員
わりとすぐに子どもができたので付き合って半年で結婚しました
半年!?
こんなこと聞くのは失礼なんですがお子さんは初めから望んでいたんですか?
当時私もそれなりの年齢だったので子どもを産むならラストチャンスかな?って気持ちがあってできたらできたでいいかって思ってたんですよね
ただ婚姻届を出すとき戸籍を取り寄せたら夫がバツイチだってことがわかったんですよね
!?
前の結婚は1年経たずに離婚してて思えばそのときあれ? やばいんじゃない?ってアンテナが立った気がするんです

モラハラが始まったのはいつくらいですか?
結婚してすぐでした
つわりがひどくて寝たきりだった時期があったんですけど
やっとつわりが治まって元気になったらいろんなことに文句をつけるようになって
夫
つわりで寝ている私を見て「こいつを甘やかすとよくないだらけるぞ」って思ったみたいなんです
文句ってどんなことを言うんですか?
食事から歩き方から生活全般です
例えば食事を作ると箸の置き方が気にいらないとか
彼の言ったとおりに食器を並べないといつになったら覚えるの? 何で覚えられないの? ってネチネチ言われて
彼はお酒が好きなんですけど食事もお酒に合うようにおかずを先に出して最後にごはんとお味噌汁で締めると順番が決まっていました
夫
一気に出すと定食屋みたいだって嫌がるんですよ
居酒屋でもないですけど!? 自宅ですよ!

あとは歩き方とか… 外を歩いてると お前は道のこのあたりを 歩けとか 電車ではここに立てとか 指示されてました
夫
あ… 歩き方?
それは女は三歩下がって 俺の後ろを歩け的な…?
うーん 私が自分に 従わないと 気に食わないんじゃ ないでしょうか?
その場所はダメだ!
夫
なんでそんな所 歩くんだ!
彼の中に謎の ルールがあるんです 道路のここは 安全だとか この場所は汚いとか そのルールに従わないと 怒られるんです
そんなルールの中で 生活していたら息苦しく なっちゃいますよね
そうですね 行動もですけど 感情表現も次第に制限 されるようになりましたし
感情表現って それはどういう ことですか?
私が一人で 楽しそうにしているのが 嫌みたいなんです
例えば私がお笑い番組を 見て笑ってると 「何笑ってるんだよ!」 って怒鳴られるんです
夫

笑うと怒る？
何の権利があって
そんなこと言えるんです？
ですよねえ…
私が自分以外と楽しそうに
話をしているのも
気に食わないみたいで
お店の人と笑って
世間話をしただけで
はしたないとか八方美人
だとか言われました
そのくせ自分が
話しかけたときはよい
リアクションをしないと
不機嫌になって
何で僕と一緒にいるのに
楽しそうにしないの？
って不貞腐《ふてくさ》れるんですよね
ムスッ
夫
何様なんですか？？
王様？？
私はもともと感情表現が
豊かなほうだったんですが
笑っていると
「調子に乗るな」
大きな声で話すと
「はしゃぐん
じゃない」
と言われ続けて
表情筋が
動かなくなる
気がついたらすっかり
笑わない人に
なっていたんです
ひどいなぁ
私もそうなんですけど
子どももずっと笑わなくて
静かな子ねって
言われていたんです
でも夫と別居してからは
すごく笑うし
よく話すようになったし
今思うと本当に
蝕《むしば》まれていましたね

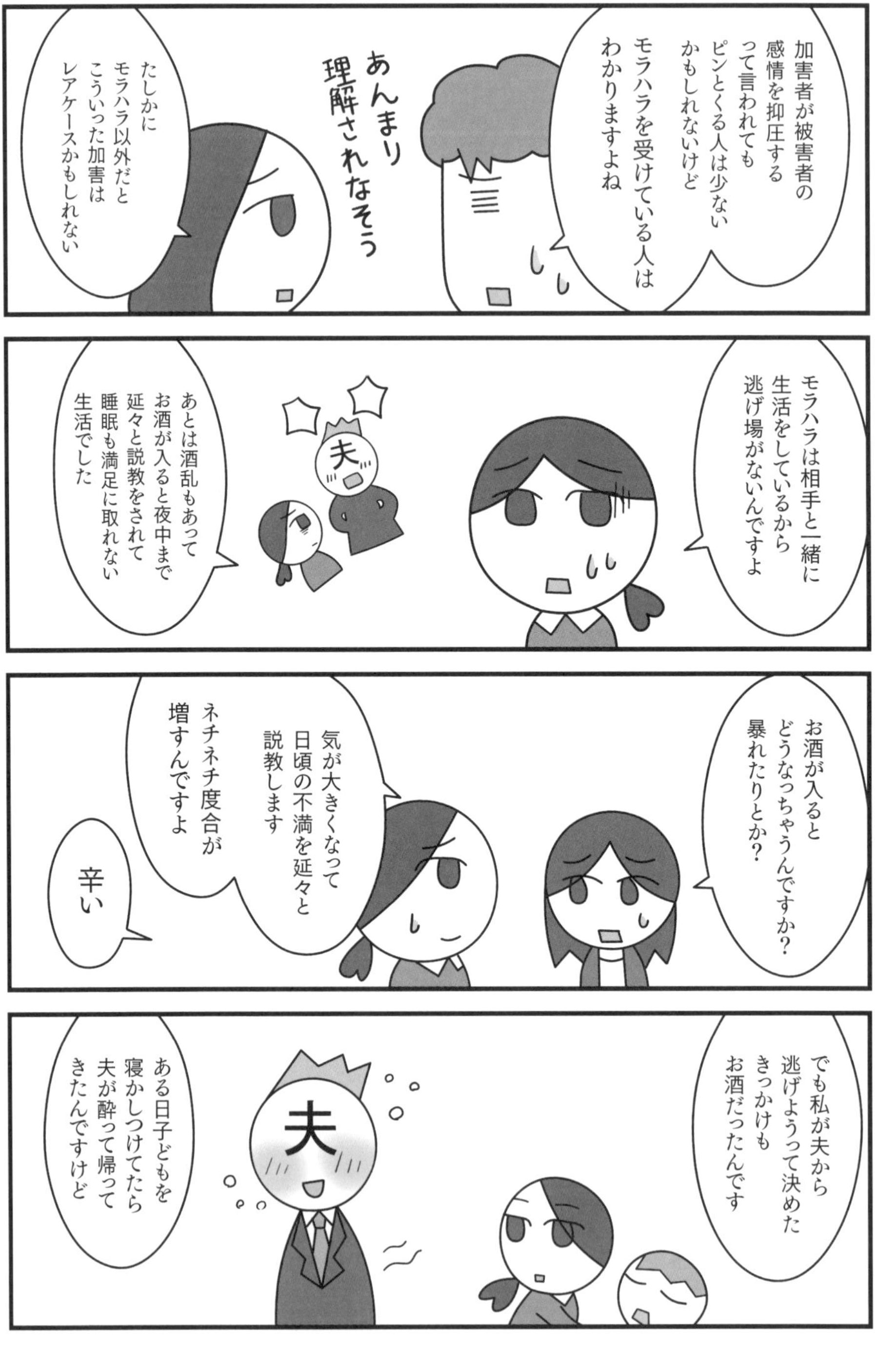
加害者が被害者の感情を抑圧するって言われてもピンとくる人は少ないかもしれないけどモラハラを受けている人はわかりますよね
あんまり理解されなそう
たしかにモラハラ以外だとこういった加害はレアケースかもしれない
モラハラは相手と一緒に生活をしているから逃げ場がないんですよ
夫
あとは酒乱もあってお酒が入ると夜中まで延々と説教をされて睡眠も満足に取れない生活でした
お酒が入るとどうなっちゃうんですか？暴れたりとか？
気が大きくなって日頃の不満を延々と説教します
ネチネチ度合が増すんですよ
辛い
でも私が夫から逃げようって決めたきっかけもお酒だったんです
夫
ある日子どもを寝かしつけてたら夫が酔って帰ってきたんですけど

まだそんなに遅い時間じゃなかったのにベロベロですごいお酒臭くてそれで耳元で
むわぁぁ
夫
もっとちゃんとやんないとダメだよ
ってささやかれて
生理的に無理…！
ぞわっ
ってなって携帯と玄関の鍵だけ持って衝動的に家を飛び出していたんです
子どもも置いてきたしすぐに戻るつもりではあったんですけどとにかくその場にいることが耐えられなくなって
「ああもう無理だ家を出よう」
ってそのとき決意したんです
積もり積もったものがあったんですね
そうですねそのとき我慢のゲージを突破したんだと思いました…

それから具体的にどうされたんですか?
家事と育児の合間に弁護士と新しく住む物件と保育園を探しました
ちょうど復職直前でした
弁護士はまず役所の無料相談のようなところに行ったんですがそこにいた弁護士が「奥さんも我慢しなきゃ」みたいなことを言う人でショックだったのを覚えてます
弁
それから何件か無料か低価格の法律相談に行って合いそうな弁護士さんを探しました
保育園探しも大変そうですねー途中で入園てできるんですか?
保育園
HP
それがちょうど実家の近くの保育園に空きが出たんです今手続きすれば来月から通えますみたいな条件で
私は子どもに影響が出ることを恐れていたので今しかないと思ってそこに申し込みました
ずっと家にいる
夫
そうして保育園が決まったのでその近くに物件を借りました
ただ当時夫は在宅で仕事をしていたので引越しにはすごく苦労したんですよね

旦那さんの目を盗んでの引越しだったんですね どうやって決行したんですか？
ZZZ
夫
夫はアナログ人間でスケジュールを手帳に書いていたんです そこで手帳を定期的に盗み見て一日出かける予定があることをつかんだんです
スリリングですね
やっと出かけた！
バタ
バタ
夫が出る時間も不確定だったから引っ越し業者も頼めず レンタカーを借りておいて夫が出かけてから急いで荷物を車に積んで新居に運びました
そしてあらかた荷物を運び終えると保育園に預けていた子どもを迎えに行ってそのまま新居に行きました
終わったー
ぎゅっ
モラニゲ成功ですね！
旦那さんからその後連絡は来ませんでしたか？
その日は連絡手段はすべて着信拒否やブロックをして家を出た翌日に着くよう弁護士から受任通知を送ってもらったんです
ただ

やっぱりその後も必要最低限の連絡はしなきゃいけなくて
子どもの面会とか
LINEだけはやり取りをしているんですけどいまだにこんなLINEが来るんですよね
見ます？
子どもがまともに育たないのはあんたのせいだと思います
これは
こんな卑怯な母親を持った子どもがかわいそう
ちゃんと意味を理解していますか？　俺の言うことがきちんと伝わっていますか？
子どもを殺したも同然だ！死ぬなら一人で死ね
無視すんな
卑怯者！！警察に通報しました
子どもにいつ会わせるのですか？
養育費を振込みました俺はまるでATMだな
俺を悪者にしているあんたとあんたの親については…
大体深夜に連絡が来るのでお酒を飲んで送ってきているんだと思うんですが別居してもこういう嫌がらせは続くんだなとうんざりしました
これで事務連絡のつもりなんです
ひどすぎて言葉が出ない…

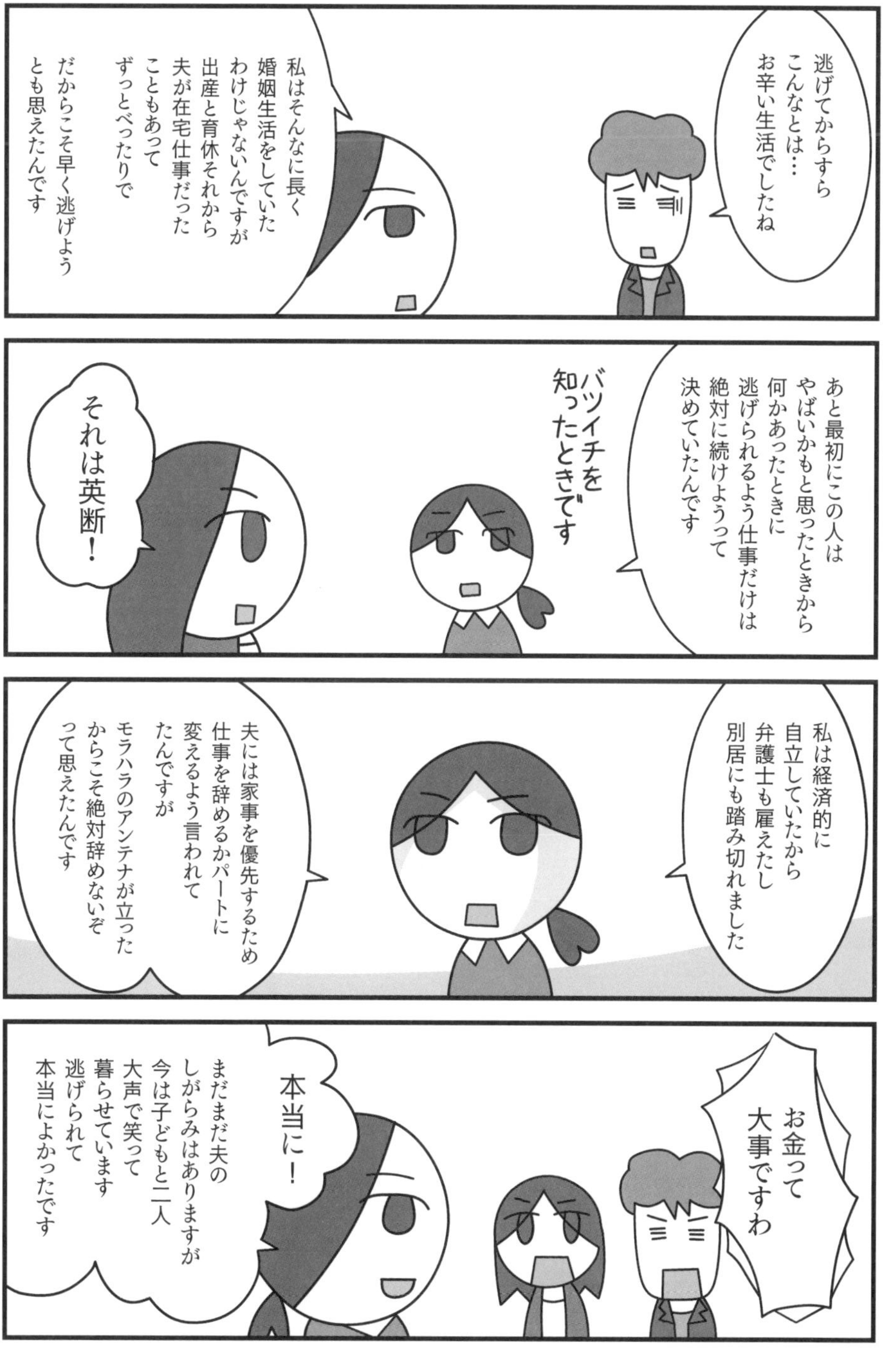
逃げてからすらこんなとは…お辛い生活でしたね
私はそんなに長く婚姻生活をしていたわけじゃないんですが出産と育休それから夫が在宅仕事だったこともあってずっとべったりで
だからこそ早く逃げようとも思えたんです
あと最初にこの人はやばいかもと思ったときから何かあったときに逃げられるよう仕事だけは絶対に続けようって決めていたんです
バツイチを知ったときです
それは英断!
私は経済的に自立していたから弁護士も雇えたし別居にも踏み切れました
夫には家事を優先するため仕事を辞めるかパートに変えるよう言われてたんですが
モラハラのアンテナが立ったからこそ絶対辞めないぞって思えたんです
お金って大事ですわ
本当に!
まだまだ夫のしがらみはありますが今は子どもと二人大声で笑って暮らせています
逃げられて本当によかったです

ゆみの場合④

原稿受け取りました
おつかれ様です
はーい よろしく！
ゆみ…読んでくれてるかなぁ
ゆみの様子がおかしいと思ったのは結婚式の少し前だった
どうしたの？顔色悪いよ？
結婚式の準備であんまり寝てなくて…
なんかずいぶん凝った結婚式みたいだね 旦那さん手伝ってくれないの？
彼は仕事で忙しいから
ゆみがほとんど一人で準備した結婚式は
彼の独壇場だった
彼との結婚生活は大変そうで
仕事辞めることにしたの…
ゆみはどんどん元気がなくなっていった…
私は無理やり二人を離婚させたいわけじゃない
ゆみの人生を決めるのはゆみ自身だから…でも…
ゆみは旦那さんが言うような「ダメな人間」なんかじゃない
それだけは伝わってほしい

Case7

ひろこさんの場合

「嫌な相手からは逃げなきゃいけないんだよ」

—壊れた家庭を捨てられなかった理由《わけ》

Case7 ひろこさんの場合

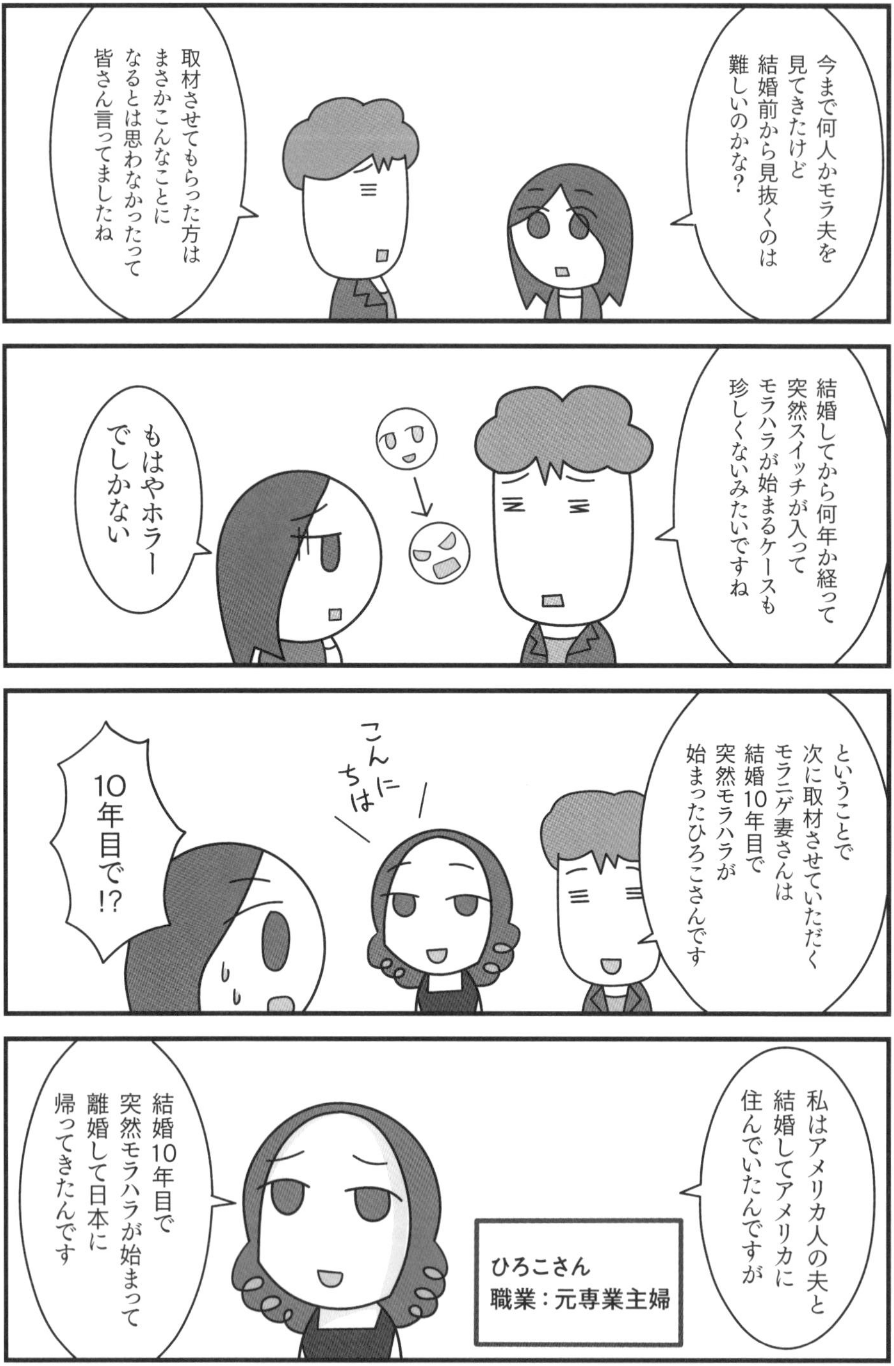
今まで何人かモラ夫を見てきたけど結婚前から見抜くのは難しいのかな？
取材させてもらった方はまさかこんなことになるとは思わなかったって皆さん言ってましたね
結婚してから何年か経って突然スイッチが入ってモラハラが始まるケースも珍しくないみたいですね
もはやホラーでしかない
ということで次に取材させていただくモラニゲ妻さんは結婚10年目で突然モラハラが始まったひろこさんです
こんにちは
10年目で!?
私はアメリカ人の夫と結婚してアメリカに住んでいたんですが
ひろこさん
職業：元専業主婦
結婚10年目で突然モラハラが始まって離婚して日本に帰ってきたんです

出会いと結婚した年齢を聞いてもいいですか?
結婚は20代半ばです
彼とはアメリカの短大に通っていたときに出会ってその後は遠距離恋愛をして2年くらいで結婚しました

彼はどんな人でしたか?
ん〜やせ型でひょろっとした感じの白人男性です
夫
知的といえば聞こえはいいけどちょっと神経質そうな

でも結婚して10年間は本当に優しい旦那さんで暴力もないしモラハラももちろんありませんでした
結婚してすぐ息子も生まれて穏やかに暮らしていたんですが……
夫
モラハラのスイッチになったのって何だったんでしょう?

彼が「博士号」を取ったことです
博士号?
夫
はい 彼は働きながら学校に通っていて博士号を取るために頑張っていたんです

それは仕事上で
ステップアップ
するためとか……？
そうですね
博士号を取得したことで
彼は国家公務員になって
そのときから
「俺はエリートだ」
っていう意識が
出てきたんだと思います
具体的にはどんな
モラハラが
始まったんですか？
すごく怒りっぽく
なりました
いきなり不機嫌に
なって怒鳴ったり
夫
突然泥酔して帰ってきて
今からドライブに行くぞ！
って私と息子を車に乗せて
ハイウェイを爆走したりとか
は？？
飲酒運転
ですか？
それは何のために？
たぶん私を怖がらせて
言うことを
聞かせたかったんだと
思います
車の中
夫
まず息子を車に
乗せられてしまって
息子だけを乗せるわけにも
いかず私も乗って…
深夜に時速130キロ以上
出してて本当に死ぬかと
思いました
警察に捕まったら
即逮捕案件ですよね
え〜っ
私も今思えばあのとき
通報しておけばよかったと
思うんですけど
怖くてそこまで
思い至りませんでした

あとモラハラが始まってからはネチネチとした説教が日常茶飯事になりました
夫
それまで普通にしてたのにいきなり豹変して暴れ出すことがあって
そのスイッチがどこにあるのかわからなくて日々おびえていました
モラハラスイッチってことですか？
はい でもスイッチがどこにあるかはわからなくてもスイッチが入ったときってわかるんですよ
夫
急に首が伸びて目が大きくなって「ちょっと地下室に来なさい」って
地下室？
夫は息子の前ではいいパパぶっていて私と二人きりになってから怒るんです
うす暗い 何もない 地下室で
夫
ますますホラーなんですが
何でこんなに突然変わってしまったのか理解が追いつかなかったです
夫は仕事から帰る前「今から帰るよ」ってLINEを送ってくるんですけど
そのLINEが来ると恐怖でいっぱいになるようになりました

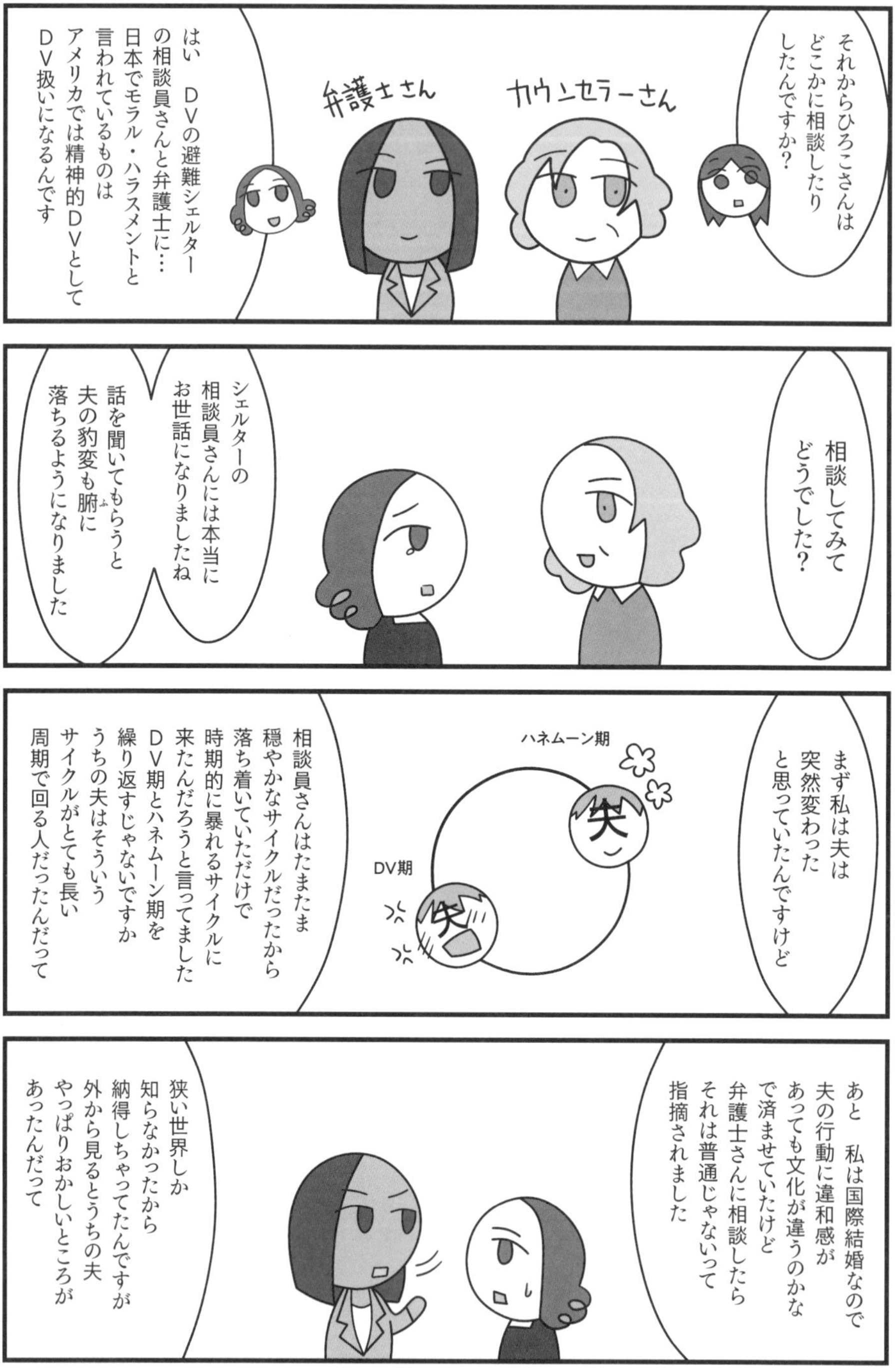
それからひろこさんは
どこかに相談したり
したんですか?
カウンセラーさん
弁護士さん
はい　DVの避難シェルター
の相談員さんと弁護士に…
日本でモラル・ハラスメントと
言われているものは
アメリカでは精神的DVとして
DV扱いになるんです
相談してみて
どうでした?
シェルターの
相談員さんには本当に
お世話になりましたね
話を聞いてもらうと
夫の豹変も腑《ふ》に
落ちるようになりました
まず私は夫は
突然変わった
と思っていたんですけど
ハネムーン期
夫
DV期
夫
相談員さんはたまたま
穏やかなサイクルだったから
落ち着いていただけで
時期的に暴れるサイクルに
来たんだろうと言ってました
DV期とハネムーン期を
繰り返すじゃないですか
うちの夫はそういう
サイクルがとても長い
周期で回る人だったんだって
あと　私は国際結婚なので
夫の行動に違和感が
あっても文化が違うのかな
で済ませていたけど
弁護士さんに相談したら
それは普通じゃないって
指摘されました
狭い世界しか
知らなかったから
納得しちゃってたんですが
外から見るとうちの夫
やっぱりおかしいところが
あったんだって

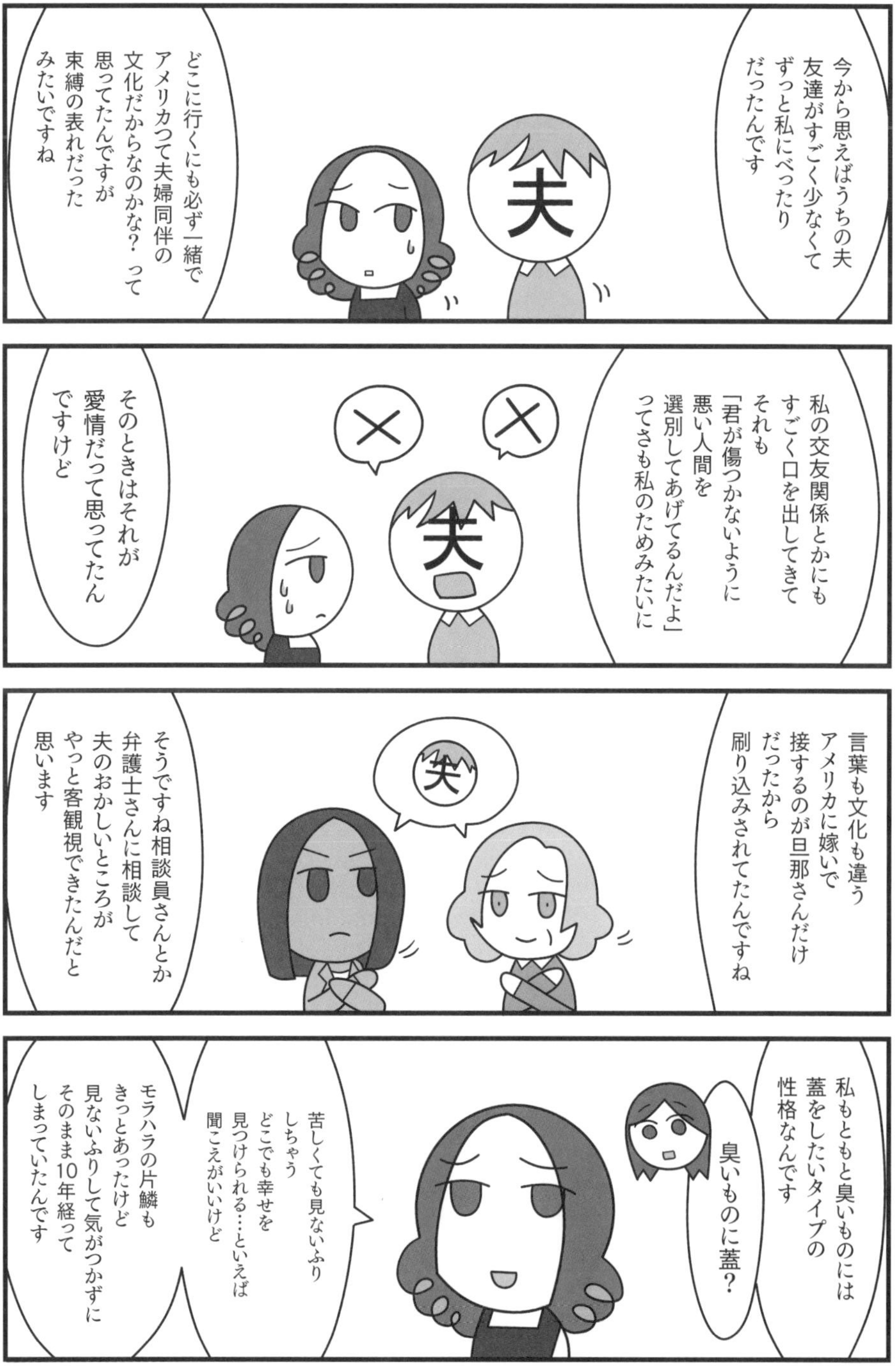
今から思えばうちの夫
友達がすごく少なくて
ずっと私にべったり
だったんです
夫
どこに行くにも必ず一緒で
アメリカって夫婦同伴の
文化だからなのかな？って
思ってたんですが
束縛の表れだった
みたいですね
私の交友関係とかにも
すごく口を出してきて
それも
「君が傷つかないように
悪い人間を
選別してあげてるんだよ」
ってさも私のためみたいに
夫
そのときはそれが
愛情だって思ってたん
ですけど
夫
言葉も文化も違う
アメリカに嫁いで
接するのが旦那さんだけ
だったから
刷り込みされてたんですね
そうですね相談員さんとか
弁護士さんに相談して
夫のおかしいところが
やっと客観視できたんだと
思います
私もともと臭いものには
蓋をしたいタイプの
性格なんです
臭いものに蓋？
苦しくても見ないふり
しちゃう
どこでも幸せを
見つけられる…といえば
聞こえがいいけど
モラハラの片鱗も
きっとあったけど
見ないふりして気がつかずに
そのまま10年経って
しまっていたんです

それでひろこさんはどういう状況で逃げを決意して決行したんでしょうか?
はい実はモラハラが激化したくらいから夫からことあるごとに「離婚だ!」って言われるようになって
えぇ 旦那さんから!?
ただ言うだけで具体的な行動はしないんですよね何かにつけて気に入らないことがあると離婚だって言うくせに…
夫
リコン届
弁護士は彼が離婚を持ち出すのは私をコントロールするためだって
けどそれで私も離婚を意識するようになって
でもやっぱりすぐ決断できなくて弁護士やカウンセラーに相談しながらも夫との生活を続けてたんです
?
それでも苦しいとき我慢できなくて友達に電話したら「何で出て行かないの?」って聞かれて「だって家庭が壊れちゃう」って泣きながら言ったら
友達が「もう壊れてるでしょ」ってズバッと
!
私そのとき「あ、そっか」と思って

それで逃げられたんですね！
いや…逃げに気持ちが傾いたんですけど、実はそれでも迷いが出て
え　また！
逃げたい
逃げちゃダメ
逃げよう
ガマンできる
友達との電話のあとシェルターと連絡取って入居しようってときにまた「本当に逃げていいの？」って気持ちになっちゃって
そしたら息子が私に言ったんです
お母さん 僕は学校で誰かに嫌なことをされたらまず相手に嫌だと言う それでダメなら誰かに助けを求めて それでも嫌なことが止まらないのなら その人から離れなさいって教わったんだよ
あんないじわるをしてくる相手とどうして一緒にいるの？嫌な相手からは逃げなきゃいけないんだよ
それでようやく断ち切れたんです大人が子どもに教えていることを親の私ができてなきゃダメだって思って
息子さん～!!（涙）
それで弁護士事務所に行って離婚を申請しました そうすると裁判所から相手に通知が届くんですよ
同じ家にいるのに
それを受け取った旦那が怒るかと思ったんですけど すごく悲しそうな顔で「受け取ったよ」って言ってました

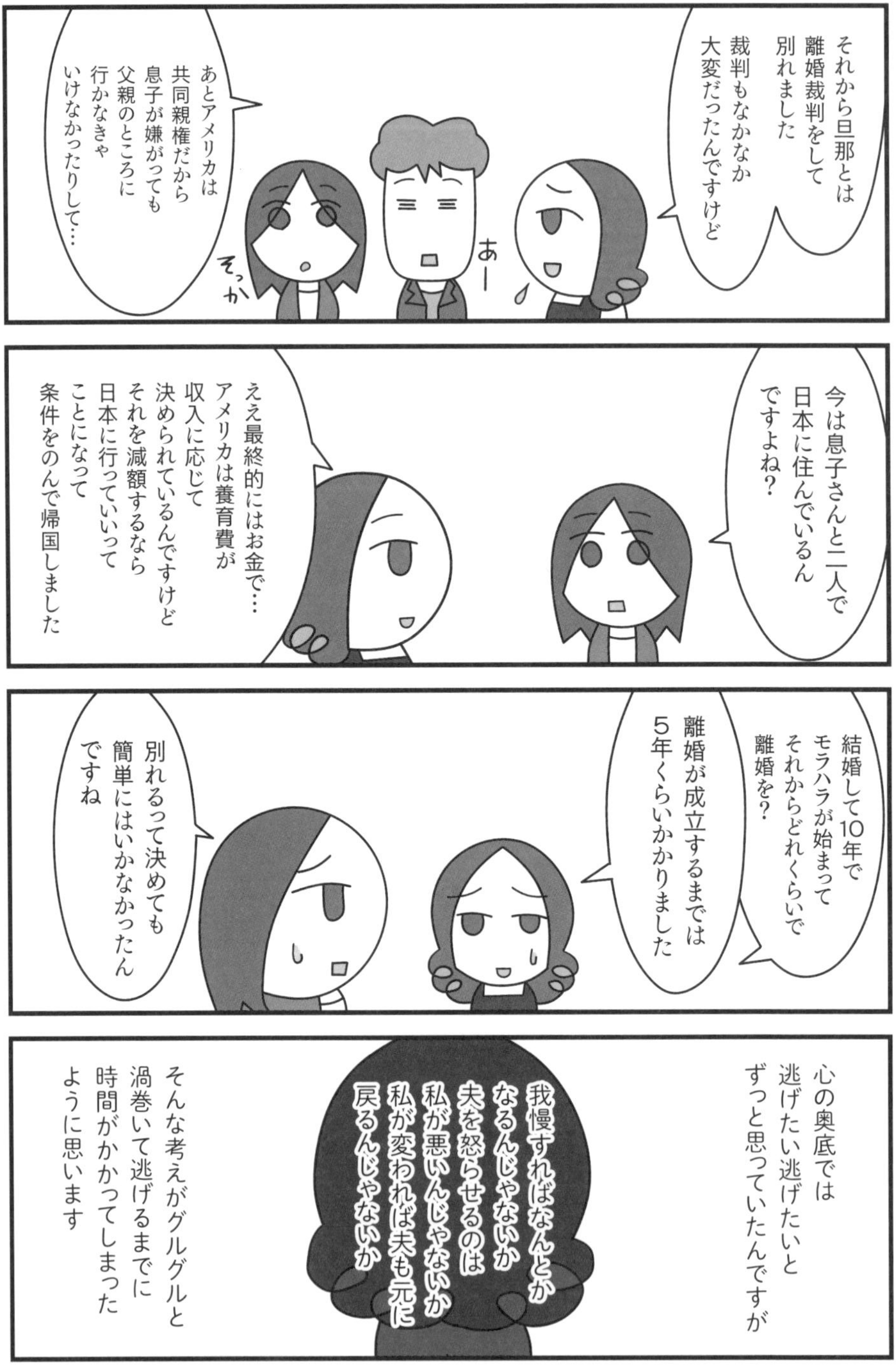
それから旦那とは離婚裁判をして別れました裁判もなかなか大変だったんですけど
あー
そっか
あとアメリカは共同親権だから息子が嫌がっても父親のところに行かなきゃいけなかったりして…
今は息子さんと二人で日本に住んでいるんですよね？
ええ最終的にはお金で…アメリカは養育費が収入に応じて決められているんですけどそれを減額するなら日本に行っていいってことになって条件をのんで帰国しました
結婚して10年でモラハラが始まってそれからどれくらいで離婚を？
離婚が成立するまでは5年くらいかかりました
別れるって決めても簡単にはいかなかったんですね
心の奥底では逃げたい逃げたいとずっと思っていたんですが
我慢すればなんとかなるんじゃないか夫を怒らせるのは私が悪いんじゃないか私が変われば夫も元に戻るんじゃないか
そんな考えがグルグルと渦巻いて逃げるまでに時間がかかってしまったように思います

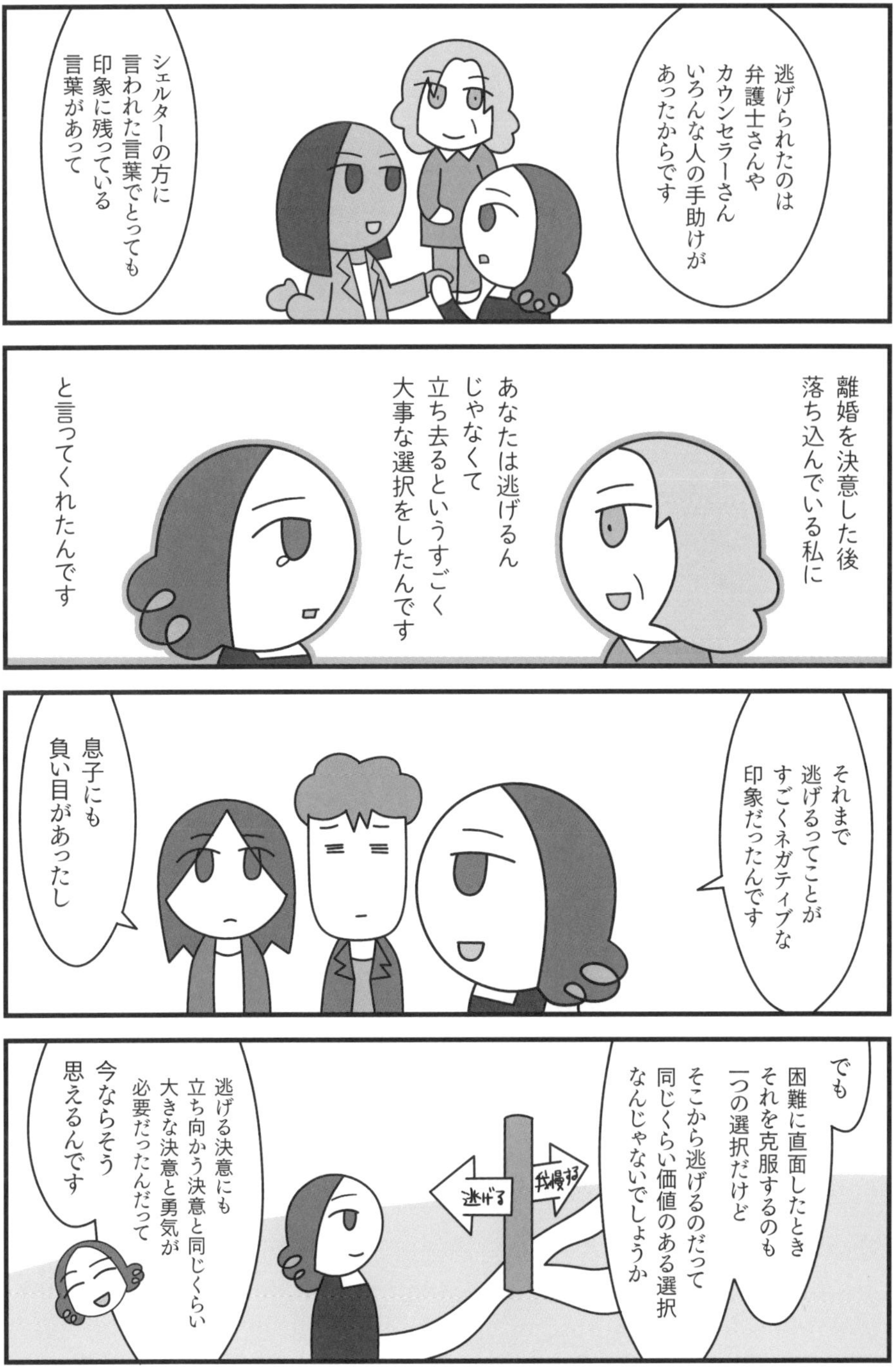

逃げられたのは弁護士さんやカウンセラーさんいろんな人の手助けがあったからです
シェルターの方に言われた言葉でとっても印象に残っている言葉があって
離婚を決意した後落ち込んでいる私に
あなたは逃げるんじゃなくて立ち去るというすごく大事な選択をしたんです
と言ってくれたんです
それまで逃げるってことがすごくネガティブな印象だったんです
息子にも負い目があったし
でも
困難に直面したときそれを克服するのも一つの選択だけど
そこから逃げるのだって同じくらい価値のある選択なんじゃないでしょうか
我慢する
逃げる
逃げる決意にも立ち向かう決意と同じくらい大きな決意と勇気が必要だったんだって
今ならそう思えるんです

ゆみの場合⑤

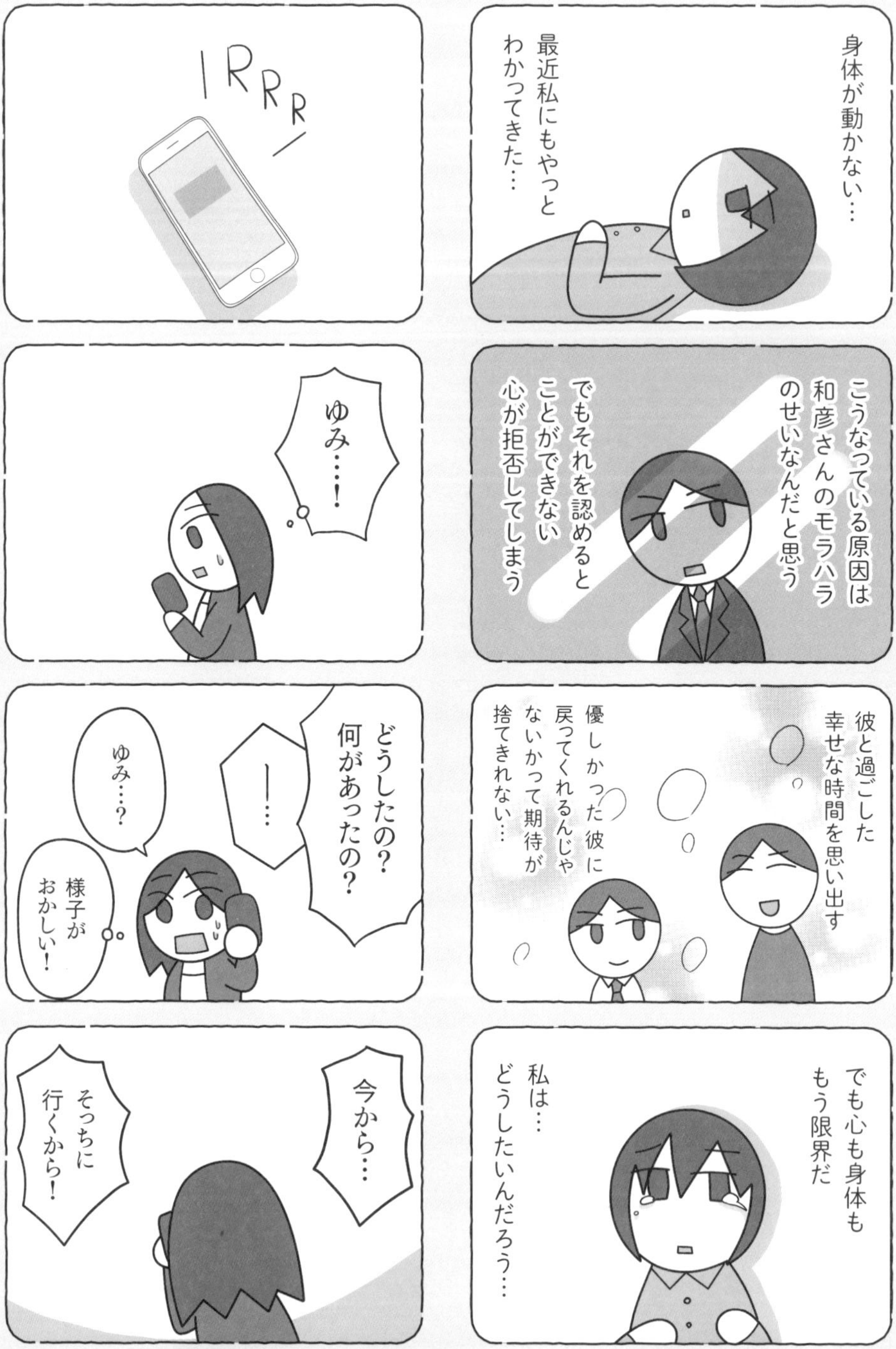
身体が動かない…
最近私にもやっと
わかってきた…
こうなっている原因は
和彦さんのモラハラ
のせいなんだと思う
でもそれを認めると
ことができない
心が拒否してしまう
彼と過ごした
幸せな時間を思い出す
優しかった彼に
戻ってくれるんじゃ
ないかって期待が
捨てきれない…
でも心も身体も
もう限界だ
私は…
どうしたいんだろう…
RRR
ゆみ…！
どうしたの？
何があったの？
ー…
ゆみ…？
様子が
おかしい！
今から…
そっちに
行くから！

Case8

座談会

～性的なモラハラについて～

Case8 座談会～性的なモラハラについて～

居酒屋
えーっと ここかぁ
今日は慶太君抜きで取材です
予約してた新田です
お待ちしてましたー
はじめまして今日はよろしくお願いします
マリさん 看護師
マリです
エリカさん ネイリスト
エリカです
えっと今日はお二人に性的なモラハラのお話をお聞きしたいんです
話しにくいかと思うんですが…

大丈夫です
なかなか口に出しにくいことですが…でも苦しんでいる人はたくさんいると思うのでお役に立てれば…
私は5年前に離婚しましたが離婚して初めて自分が受けていたことは異常だったんだと気が付きました
私もです
私は別居して今離婚調停中ですが婚姻生活中はそれが普通のこと仕方ないことだと思い込んでいました
どんなことをされたか伺ってもいいですか…？思い出したくないかもしれませんが…
え～そうですねえ私が嫌だったのは…
夜中に突然セックスが始まって断れないことだったかな
夫
眠いとか今はちょっと…って断ると「妻の務めだろ！」と怒るから逆らえなかったんです

本当にこっちの都合は無視でしたいときに急に始めるよね
完全に性欲処理だったと思う生理になっててもお構いなしでしたし
えええ
私はセックスのための準備をまったくしてくれないのが辛かったです
ほら何にもしないと当たり前ですけど濡れないので挿入すると痛いじゃないですか
それでいて私が自衛のためにローションとか用意すると怒るんですよ？
何で!?
夫
俺を愛していたら自然と濡れるはずだ！そんなものを使うな！俺を愛していないのか？って怒られて
まず女性は何も準備をしなければセックスに痛みを感じることや体調によって濡れにくいことがあることを知らない
AVみたいに胸を触ると勝手に濡れるとかインプットされてるんですよね
間違った性知識すぎる!!

俺を愛していないのか？は私もめちゃくちゃ言われました
私もＡＶにトラウマがあって結婚してほどなくしてのことなんですが夫から
夫
これ見て勉強したほうがいいよ
え？何これ？
と言って渡されたのがＡＶだったんです
夫
ええっ
あぁーありがちですね
私がこういうのはちょっとって引くと
夫
君のために言ってるんだよ！これ見ればもっと気持ちよくなるから！って
私がＡＶみたいに大げさに声出して反応しないから不満だったみたいで勉強してって
何の勉強ですか…？演技…？

男の人はAVで性教育を受けるなんて言われてるの冗談だと思ってたんですが夫と結婚して本当かもとしみじみ思いました
痛い ほんとやめて
夫
はぁ なんで?
AVと同じようにすれば女性は気持ちよくなるって刷り込まれているみたいでAVでよくある性器を強くこする行為とか本当に痛いだけなのに
それでいて痛いとかそういうことをしないでって言うとお決まりの「俺を愛していないのか!?」が返ってくるんですよね
うん うん
わかる
モラ夫って女の人が結婚して妻になるといついかなるときでもセックスを求められたら応じるものだって考えていますよね
そう 妻の務め、妻の義務ってめちゃくちゃ言われました
好きなときにセックスさせないと結婚した意味ないだろ!とか させないなら浮気されても文句言えないんだぞ!とか…
結婚を何だと思ってるんだろう 悔しくて涙が出てくる…

でもモラ夫との結婚生活は
そんなんばっかりだから
それが当たり前になって
求めて来たら感情を
無にして体を差し出す
ような状態でした
…
無・・・
わかります
そうしたらどんどん
相手の行為が
エスカレートして
コスプレを強要されたり
大人のおもちゃを使われたり
しまいには外でセックス
しようって言いだして
もう無理だって思って
離婚を決意しました
うわぁ…
性的モラだけじゃなく
生活全般のモラハラも
原因でしたけどね
私がもう別れようって
思ったのは
子どもが隣に寝てるのに
始めようとしたときですね
夫
やっぱり断れなくて
我慢して応じたんですが
これで子どもが起きちゃったら
どうしようって
気が気じゃなくて
私が我慢してるのに
興奮してる夫が
すごく気持ち悪くて
それに万が一子どもが
見てトラウマに
なったら…って考えると
恐ろしくて…
親のセックスを
見せるのは子に対する
性的虐待ですもんね

ちなみに今回のテーマはモラニゲなのでどうやって逃げたかも聞いてもいいですか？
私は夫が浮気をしたので堂々と離婚届を出して離婚できました
私はまだ結構大変ですね執着がすごくて別居して離婚調停をしている今でもいわゆるロミオメールと言われる未練たっぷりの連絡がめちゃくちゃ来ます
でももう絶対にあの人のところには戻りたくないです
今だからこうやって笑って話せるけど性的モラハラを受けているときは自尊心がズタズタになるんです
終わった後すごく悲しくて悔しくて屈辱的というか夫婦だけど強姦されたみたいな気持ちになっていました
私も…別れた後に知ったんですけど夫婦でも性交渉には同意が必要で無理やりすると強姦になるんです
海外では当たり前の認識らしいですよ

主語が大きくなっちゃいますけど日本って性的な合意に関する認識が本当にダメだと思います
性犯罪には寛容だし嫌よ嫌よも好きなうちとか言って相手の意思は関係ないじゃないですか！その認識がモラハラにも影響を及ぼしているかと
性的なモラハラってひとくくりに言うのなかなか難しいと思うんですがお二人はどう定義したらいいと思いますか？
やっぱり相手が嫌がっても無理やりしたり断ると不機嫌になることかなあ
NOはNOですよね
広い意味で言えば服装とかに口を出すのもそうかも
もっと脚見せてよ
夫
え…
私は結婚してから外出するときはミニスカートを穿くように決められていたんですがあれも一種の性的なモラハラかもと思うんですよ
私も外出先でべたべたと触られたりキスされたりするのが嫌でしたね わざと駅とかでするんですよ 人前でやめてって言っても外国だったら当たり前だろとかそういうのを気にするのがいけないとか
そういうのはちょっと
はぁ？なんでだよ！
夫
屁理屈ですね

でも性的なモラハラはほかのモラハラと違って結婚前から見抜けるかもって思うんです
え？
うちの夫は付き合ってるときもコンドームをするのを嫌って何かと理由をつけてコンドームなしでしようとしていたんです
私は自衛のためにピルを飲んでたんですが
モラハラをする男は避妊に協力的じゃないつまり相手のことを尊重してないんですよ
私は結婚前男なんてこんなもんかと思ってたんですが今なら避妊しない男なんてやめとけって断言できます
モラ夫との性生活は物みたいに扱われてる印象でした
私の意思や感情はなかったものにされて
結婚＝いつでもセックスできる女が手に入ったって思考だったんでしょうね

本当にお二人とも辛い思いをされたんですね でもモラハラを受けている女性はきっと同じ思いをしている人が多いと思うんです
なかなか相談しにくい話題ですけど話して下さってありがとうございます
私は正直モラ夫の性行為のせいでもうそういうことは一生しなくてもいいって思ってます
私もトラウマです でもこういう風に傷つく女性が今後出てこないようにしたいですよね
だから未婚の女性にもっと言っていきたいです「嫌なことは嫌だ」って言っていいんだって それで不機嫌になったり屁理屈をこねて続行するような男はやめろ！ って
AV見ろ
妻の務め
NO !!
そうそう！
お二人とも頼もしいですね
モラ夫からの脱出っていう修羅場をくぐってますからね 強くなっちゃいますよね

Advice1

弁護士 大貫憲介先生の見解

略歴

弁護士、東京第二弁護士会所属。92年、さつき法律事務所を設立。離婚、相続、ハーグ条約、入管/ビザ、外国人案件等などを主に扱う。モラハラ夫の実態を「弁護士・大貫憲介のモラ夫バスターな日々」（ハーパー・ビジネスオンライン）にて連載中。著書に『国際結婚マニュアルQ&A』（海風書房）、『アフガニスタンから来たモハメッド君のおはなし―モハメッド君をたすけようー』（つげ書房新社）。Twitter@SatsukiLaw

弁護士
Advice1 大貫憲介先生の見解

それは離婚の大半は法的手続きだからです
弁護士は依頼人の代理として法的手続きをとることができる存在なんです
へ～言われてみればそうですね…
弁護士さんに依頼するとどんなことをしてくださるんですか？
通知
まず受任すると相手方に内容証明で受任通知を送ります私が代理人として交渉しますという通告ですね
それから相手方と面談します
妻側が離婚を求めていることや条件などを提示しここで相手方が離婚に応じたら協議離婚となります
協議離婚？
離婚にはざっくり3つ種類があるんです

双方の話し合いで決まる
「協議離婚」
調停を経て離婚する
「調停離婚」
調停委員
それから裁判の判決で
離婚する
「裁判離婚」
裁判官
ちなみに私は
モラハラの離婚案件を
多く扱っていますが
絶対
離婚
しない！
夫
モラ夫は妻に
執着するので
協議離婚で決着する
ケースは少ないです
ひえ〜
大貫先生には
失礼ながら
いい弁護士さんの
見抜き方を
伺いたいんです
というのも
今回のモラニゲ取材を
通して
役所などの法律相談で
二次被害に遭って
しまった方も
少なくなかったんです
奥さんもガマンしたら
とか言われたり…
なるほど…
実は役所の法律相談は
普段離婚を扱わない
弁護士でも相談に
乗っている
場合があります
そんな人
いるんですか？
ええ　弁護士によっても
得意案件に個性があって
離婚案件は色々と手間が
かかるので
受けない弁護士も
いるんですよ
弁

役所を通して弁護士を探す場合はDV相談窓口から紹介してもらったほうがいいかもしれませんね
また弁護士によってモラハラに理解のある人とそうでない人がいるので会ってみて自分に合う人を見つけたほうが良いと思います
それはどうすればいいんでしょうか？
事務所のサイトなどを見てその弁護士が離婚を扱っているかを調べ法律相談で話を聞いて合う人を見つけるのも方法の1つですね
弁護士事務所はだいたい無料か少額で法律相談をしています
法律相談のときに「他にも何人か弁護士さんと会う約束をしているので会った後に検討します」と伝えて全然かまいませんそれで嫌な顔をしたり怒ったりする人はそもそもNGです
ちなみにどんな弁護士さんが良いのでしょうか？
ポイントとしては…
1. 依頼者の話をよく聞いてくれる
2. 話を遮らない
3. 否定から入らない（それはできない法的にはこうだなど）
それから
4. 依頼者の立場から解決方法を考える
5. 相性が良い
というところでしょうか…
依頼者の話を聞かなかったり遮ったりする弁護士さんがいるんですか？
え〜
実は意外と…弁護士との面談は時間が決まっていて次に依頼人が控えていたりするので時間内に終わらせようとつい急いでしまうのでしょうね

離婚事件を避ける弁護士さんもいるんですね
ちなみにモラハラの離婚案件は他の案件よりも大変ですか？
大変というより注意しなければいけないことが多いですね
まず被害者の特徴として日常的なモラハラによって心が深く傷ついています 弁護士としてはまず依頼者に寄り添う気持ちが大切です
次に夫に対する強い恐怖心があり夫を否定すること自体が怖くてできない方もいるので根気強く対応することが肝心です
被害者の多くはこのまま結婚生活を続けるのも苦しくかといって離婚を決断するのも難しい状態です
どうしたいんですか？
弁
つまりどうにも進めない状態です 弁護士の多くはカウンセリング的な相談に慣れていないので被害者に決断を迫ることがあります
でも相談を受ける側の弁護士が決断を迫るってよく考えると変ですよね
苦しいのは心が悲鳴を上げている証拠です 救ってあげないと心が壊れてしまいます
まず別居をおすすめします
すぐに離婚の決断はできないでもこのまま同居は苦しいのであれば別居するしかありません

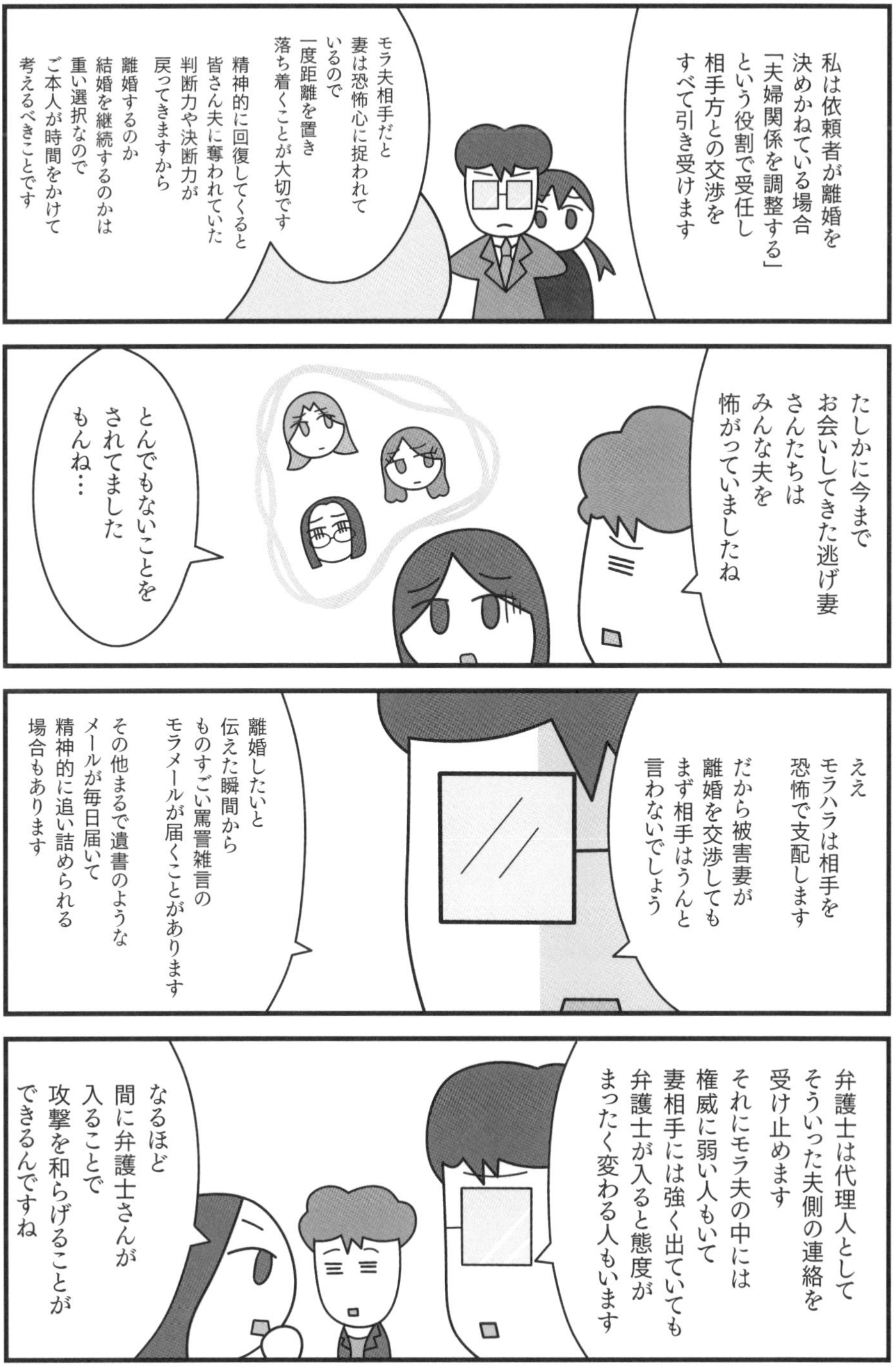
私は依頼者が離婚を決めかねている場合「夫婦関係を調整する」という役割で受任し相手方との交渉をすべて引き受けます
モラ夫相手だと妻は恐怖心に捉われているので一度距離を置き落ち着くことが大切です
精神的に回復してくると皆さん夫に奪われていた判断力や決断力が戻ってきますから
離婚するのか結婚を継続するのかは重い選択なのでご本人が時間をかけて考えるべきことです
たしかに今までお会いしてきた逃げ妻さんたちはみんな夫を怖がっていましたね
とんでもないことをされてましたもんね…
ええモラハラは相手を恐怖で支配します
だから被害妻が離婚を交渉してもまず相手はうんと言わないでしょう
離婚したいと伝えた瞬間からものすごい罵詈雑言のモラメールが届くことがあります
その他まるで遺書のようなメールが毎日届いて精神的に追い詰められる場合もあります
弁護士は代理人としてそういった夫側の連絡を受け止めます
それにモラ夫の中には権威に弱い人もいて妻相手には強く出ていても弁護士が入ると態度がまったく変わる人もいます
なるほど間に弁護士さんが入ることで攻撃を和らげることができるんですね

※対応は弁護士ごとに異なります

ちなみにみなさん
どういうふうに
別居されているんですか？
別居を申し入れて
相手が承諾する場合も
ありますが稀《まれ》です
モラハラがひどい場合や
相手方がとても
認めてくれない場合は
いわゆる「昼逃げ」を
されていますね
別居先の住まいは
私の事務所で
シェルターの手配を
手伝うこともありますし
アパートを借りる方や
ご実家に逃げる方もいます
別居を計画的に
進める方もいれば
このままでは命の危険が
あると判断し
法律相談直後に
シェルターに入って
もらった方もいます
みなさんケースバイ
ケースですね
そして別居と同時に
私から相手方へ
受任通知を出します
また警察にも
付き添いで行って
直接夫が会いに来た場合
通報できるよう
届けを出します
警察署
こうすれば夫は
妻のところに突然
行けなくなりますから
なるほど心強い…
そして別居後は
離婚調停ですね
調停について
あまり詳しくないので
教えていただけませんか？

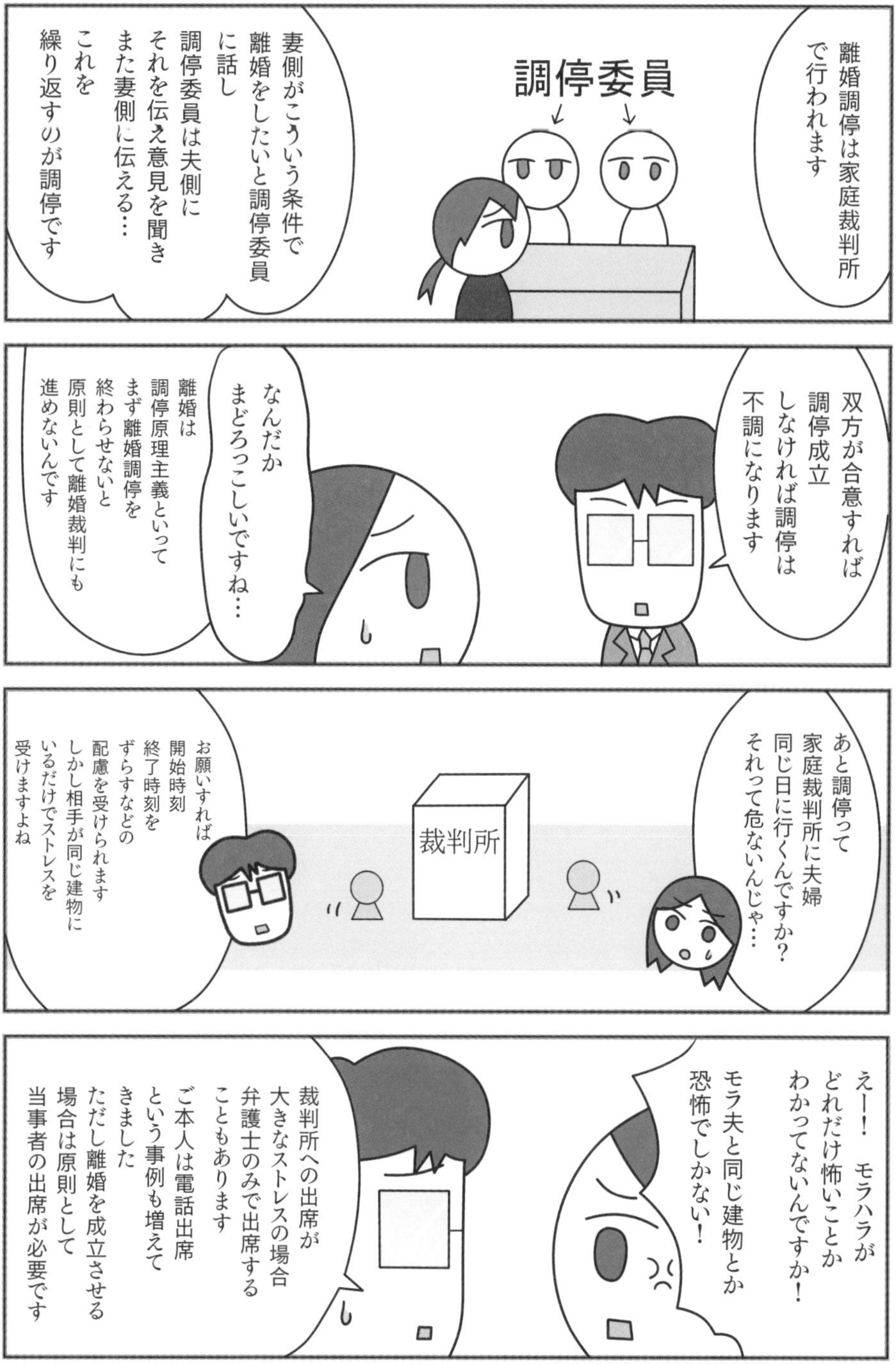
離婚調停は家庭裁判所で行われます
調停委員
妻側がこういう条件で離婚をしたいと調停委員に話し調停委員は夫側にそれを伝え意見を聞きまた妻側に伝える…これを繰り返すのが調停です
双方が合意すれば調停成立しなければ調停は不調になります
なんだかまどろっこしいですね…
離婚は調停原理主義といってまず離婚調停を終わらせないと原則として離婚裁判にも進めないんです
あと調停って家庭裁判所に夫婦同じ日に行くんですか？それって危ないんじゃ…
裁判所
お願いすれば開始時刻終了時刻をずらすなどの配慮を受けられますしかし相手が同じ建物にいるだけでストレスを受けますよね
えー！モラハラがどれだけ怖いことかわかってないんですか！モラ夫と同じ建物とか恐怖でしかない！
裁判所への出席が大きなストレスの場合弁護士のみで出席することもありますご本人は電話出席という事例も増えてきましたただし離婚を成立させる場合は原則として当事者の出席が必要です

まだまだ司法の場にモラハラの怖さや理解が追い付いてないんですね
そうですね…理解がないどころかモラ夫側に共感するモラハラ気質の弁護士や調停委員がまだまだ多いですから
例えば調停委員がモラハラ気質の場合調停で「奥さんが我慢しなさい」と言ったり夫がお子さんに暴力を振るっているようなケースでも「父親に会わせなさい」と言ったりします
夫
ええ〜
そういう人たちに遭ってしまったらどうすればいいんでしょう？
相談してほしいと思いますモラハラ被害に遭っていた方は我慢強い方が多いですが我慢しないでほしいですねそれなりに対策はあるので
ところで大貫先生はモラ夫バスターとしてモラハラについての講演や執筆活動をしているんですよね
それはどうしてですか？

私は30年以上離婚案件に関わってきましたが多くの女性が泣いていたんです
話を聞いているとみな夫　もしくは家族にひどい仕打ちを受けている聞いていて胸が痛くなるようなものばかりでした
そして驚くことにそれらの案件はどれもこれもとても似ていたんです私は男性側の横暴さ理不尽さに毎回憤慨していました
そしてモラハラという言葉に出会い男性たちの理不尽さの原因を考え始めました
モラハラを証明したとしてもそれだけでは離婚は認められません
しかし精神的な傷は肉体的負傷よりも深くかつ長期間にわたり被害妻を苦しめますモラハラは猛毒なんです
モラハラと戦う決意を込めて私はモラ夫バスターを名乗ることにしました
なるほど今日は貴重なお話をありがとうございました

Advice2

元女性センター相談員

熊谷早智子さんの見解

略歴

結婚直後から夫による精神的暴力を受け続け、結婚19年目にインターネットで「モラル・ハラスメント」を知り、調停を経て離婚。2003年にポータルサイト「モラル・ハラスメント被害者同盟」を立ち上げ、管理運営を行う。サイトの掲示板は夫からの精神的DVに苦しむ妻たちの交流の場となっている。著書に『家庭モラル・ハラスメント』『「モラル・ハラスメント」のすべて』（ともに講談社）など。

「モラル・ハラスメント被害者同盟」https://morahara.cocoon.jp/

元女性センター相談員
Advice2 熊谷早智子さんの見解

ところで「モラハラ」って最近よく聞くようになったよね
前からあったのかな
モラル・ハラスメントという言葉はフランスの精神科医マリー＝フランス・イルゴイエンヌの提唱した言葉ですが日本には1999年に翻訳書が出されています
そんなに昔からあったんだ…どうやって広まってきたんだろう
気になりますよね！
ということで本日は「モラル・ハラスメント被害者同盟」というサイトを立ち上げられてずっとモラハラ被害者支援をされてきた熊谷早智子さんにお話を伺います！
熊谷早智子さん「モラル・ハラスメント被害者同盟」主宰
よろしくお願いします
熊谷さんは2003年からモラハラ被害者支援の活動を行いまた2010年からは女性センターでDVに関する相談もされていました
すごい！
まさにモラハラの被害を一般に広めた方ですね
書籍も何冊も出版されてます

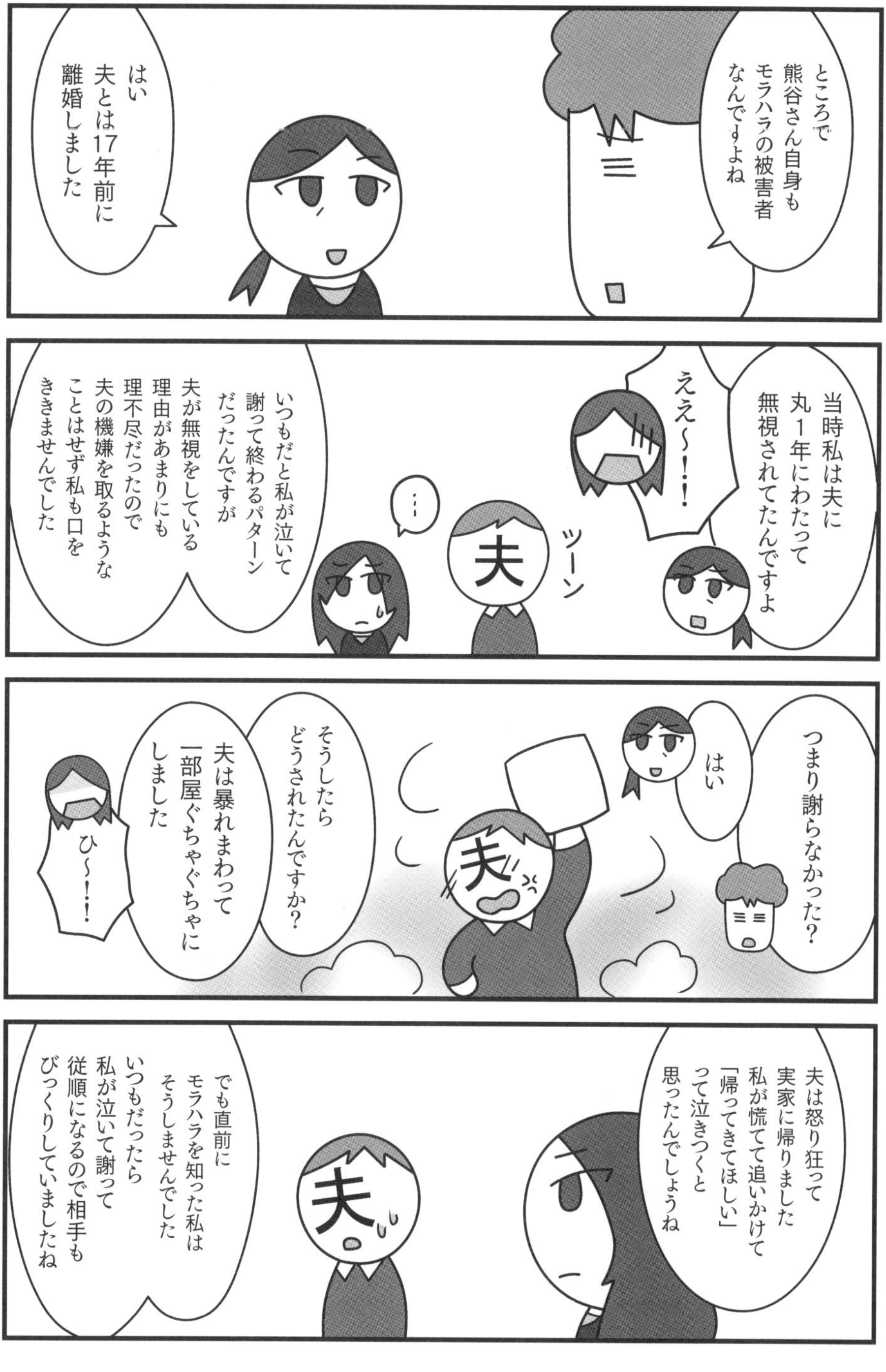
ところで熊谷さん自身もモラハラの被害者なんですよね
はい夫とは17年前に離婚しました
当時私は夫に丸1年にわたって無視されてたんですよ
ええ〜!!
ツーン
…
いつもだと私が泣いて謝って終わるパターンだったんですが夫が無視をしている理由があまりにも理不尽だったので夫の機嫌を取るようなことはせず私も口をききませんでした
つまり謝らなかった?
はい
そうしたらどうされたんですか?
夫は暴れまわって一部屋ぐちゃぐちゃにしました
ひ〜!!
夫は怒り狂って実家に帰りました私が慌てて追いかけて「帰ってきてほしい」って泣きつくと思ったんでしょうね
夫
でも直前にモラハラを知った私はそうしませんでしたいつもだったら私が泣いて謝って従順になるので相手もびっくりしていましたね

家を出るのは私だと思っていたのに夫が出て行ってラッキーでしたね
おお〜！
モラハラはどうやって知ったんですか？
ネット上でたまたま見たんですイルゴイエンヌの本を紹介したサイトだったんですけど
これって全部私がされていることじゃない？ってびっくりして
それで興味を持ってモラハラについて調べました
そうして私がされていることは普通の事じゃないんだモラル・ハラスメントなんだって自覚できたんです
丸一年も無視は辛かったですよね私もモラハラを知ってから無視もモラハラの代表的な行動だって知りましたがそうじゃなきゃ何で？ って思います
想像できないですよね一緒に住んでて無視するなんて

夫が出ていくとすぐに自分と同じようにモラハラの被害に遭っている方にモラハラを知ってもらいたいと思って
モラル・ハラスメント被害者同盟というサイトを立ち上げたんです
そうしたらものすごい数の女性がサイトに来てくれて
こんなに被害に遭っている人たちがいたんだってまたびっくりしたんです
サイトは熊谷さんご自身で作られたんですか?
はいパソコンはずっと趣味だったんですよね
20年近く前…しかも女性でそれだけリテラシーのある方って珍しいですよね
モラル・ハラスメント被害者同盟のサイト見たときすごく色々なところに配慮されたサイトだと感じました
私も昔からいろんなネットを見ていたのでとにかくモラハラの被害者を傷つけるようなことがないように気を使いました傷つけるようなことや嫌なことは書き込み禁止にするとか

モラルハラスメント被害者同盟ではモラハラの啓発もそうですけど弁護士選びや脱出マニュアルなど実践的な内容も多いですね
サイトにはモラハラ被害者のいろんな声が集まってくるんですが中には弁護士さんとのトラブル引越し時の苦労などモラ夫以外のトラブルの声も多く寄せられたんです
弁護士さんとのトラブルですか？
ええ 弁護士さんて今報酬を各自自由に決められるからすごく高額な報酬を請求されちゃったとかモラハラに理解がなかったりとか
残念ながらサイトにモラハラに強いって書いてあっても実際はモラハラ離婚案件をやっていない弁護士さんもいたんです
ええ〜ひどい…
だから弁護士さんを選ぶときはできれば紹介か口コミがいいですね
私はサイトでおすすめの弁護士さんを紹介したり弁護士は即決しないで最低3人は会うようになどアドバイスをしてるんですよ
うん うん

熊谷さんは女性センターで相談員をされていたということですがそれはモラハラ被害者支援の延長で始めたんですか？
それもありますがたまたま求職中に募集を見つけてぴったりだな～と思って始めたんです
主にDVやモラハラを含む女性支援の窓口を担当していました本人がモラハラに気づかずに相談に来られる場合も多くありましたね
DV・モラハラの場合は相談したり、悩みを聞いていざ離婚する、別居するとなったら法テラスの紹介や離婚の方法についてお話をしていました
相談に来るのはどういう方が多いんですか？
夫との関係に悩んでるけど離婚に踏み切れない人かなぁ夫といると辛くて離婚したいけどいろんな問題で難しいみたいな…
モラルハラスメント被害者同盟で相談を受けていたときは本当に切羽詰まった人が多くて逃げて！離婚して！って感じですけど
無料相談に来られる方は高齢の女性が多く定年後夫がずっと家にいて怒鳴る生活費を渡してくれないって愚痴りに来たりしてました

それはそれで解決が難しい問題ですね
離婚するまではいかないもしくは年金の問題で離婚できないけど夫といると大変という人これはこれで辛いですよね
だから私は相談に来るならできるだけ若いうちに来てくれればなぁと思うんですよ
働き口があるうちにね
仕事が見つかれば自立できるしお子さんがいれば国から手当も出るから
みんなお子さんが独立するまでは…って我慢しちゃうけどお子さんが独立する年齢まで専業主婦だったらそれから仕事も見つからないし旦那さんと二人で暮らすしかなくなっちゃう
それで毎日辛そうに生活している女性を私は相談員をしながら本当にたくさん見てきたんですよね
うわぁ

熊谷さんは長い間モラル・ハラスメントの恐ろしさを広報活動し続けてきた方ですが
モラハラに悩んでいる人に伝えたいことはありますか？
とにかく今モラハラに悩んでいるのであれば
誰かあなたを理解してくれる人の門を叩きなさいってことですね
門は例えば役所とかですが役所でも残念ながら自分に合わない人やモラハラに理解のない人に当たってしまう可能性はあります
役所
女性相談
弁護士
友人知人
そういうときは一か所じゃなくて理解してくれる人に出会うまで当たってみてほしいんです
それからね私はよくこう言うんですまずあなたが溺れないようにしなさいって
溺れないようにですか？

モラハラ被害者はよくこう言うんです離婚の前になんとか夫に気づいてほしいとか夫はなぜこんなことをするのかとか
モラハラの原因がわかればなんとかなるんじゃないかと思ってしまうんですでももうあなたが溺れているのよって
あなたは板切れに掴《つか》まっているんだからもう一人この板切れには乗れないのよって
助けたいって思うんだったらまずあなたが助からないと他の人は救えないから溺れている人は溺れている人を救えないんだからねって…
つまりまず自分の安全を確保しなさいってことなんです溺れた状態で相手を助けようとしたら自分だって沈んじゃうから
なるほど…
まず自分が安全じゃないって気づくのって本当に大変なことですね
うーん
そこから立ち直らないとみんな一緒に沈んじゃいますもんね

あとアドバイスとしては繰り返しになるけど生活力をつけてほしい
それからやっぱり残酷だけど相談は早いうちにしたほうがいいってことです
相談員をしていてねモラハラやDVがあって夫といるのが辛いでも子どもがいるからって我慢して60代、70代になってしまった女性たちをたくさん見てきました
そういう人たちは今更離婚して働けとか言えないしもう我慢して夫と一緒に生活し続けるしかない人もいるんです
そういう人たちはねどうしようもなく人生に絶望しているんです
だから離れられるうちに離れて穏やかに自分らしい人生を送ってほしいと思うんです
決してきれいごとではない厳しい言葉ですがずっと現場で支援されてきた熊谷さんの言葉だから刺さります
お話本当にありがとうございました!

Advice3

臨床心理士
本田りえ先生
の見解

略歴

臨床心理士、公認心理士、博士（Ph.D）。武蔵野大学非常勤講師、同大学心理臨床センター相談員。航空会社、外資系投資銀行勤務を経て心理学を学ぶ。専門は被害者学、トラウマケア。DV、ハラスメント、性犯罪などの被害者のこころのケアに携わる。著書に『みんな「夫婦」で病んでいる』（主婦の友社）、『「モラル・ハラスメント」のすべて』（講談社）など。

臨床心理士

Advice3 本田りえ先生の見解

ここまでいろんな
モラニゲ妻や
専門家のお話を聞いて
きたけど
モラハラって
いったいなんなのか
まだモヤモヤする
ところがあるね
そうですね…
僕もです
モラハラという
言葉を提唱した
イルゴイエンヌは
モラル・ハラスメントを
精神的な暴力（嫌がらせ）
と定義したんだよね
でもまだいまいち
モラハラという言葉が
定着していないというか
わかりにくいというか…
モラ夫に
「モラハラはやめてほしい」
と訴えても
「モラハラはお前だ！」
とか返されたりするし
そもそも定義が難しい
絶対意味わかって
言ってないよ
ということで
ですね…
今回は最終兵器です！
長年モラハラ被害者の
支援を行ってきた
臨床心理士の
本田りえ先生に
お話を伺います！
本田りえ先生
臨床心理士
ペカーッ!!
よろしく
お願いします！

本田先生はトラウマケアを専門とする臨床心理士で多くのDV・ハラスメント性犯罪の被害者支援をされてきました
モラハラに関する造詣も深く著書も執筆されています
単刀直入にお聞きして恐縮ですが本田先生はモラハラってなんだと思いますか？
私たちまだ定義があいまいで…
モラハラの本質は「恐怖による支配」だと思います
支配…！
モラハラは他者と対等に関係性を結ぶことが難しく
従属あるいは利用という形での人との付き合いしかできない人とそのターゲットになった人の間で起こるものだと思います

モラハラが起こる背景には力の関係があって加害者は相手を支配するために力関係を利用するんです
その差が大きければ大きいほど支配が成り立ちやすいですね
従属と利用…確かに今まで取材した被害妻にぴったりですね
力関係は男女の力の差もありますが権力や社会的地位経済力や学歴知識や経験の差年齢差などです
モラハラ加害者は自分が優位だとアピールするため自分がいかにすごいかを日々主張し逆に相手を陥れるため相手や相手の家族友人を馬鹿にします
相手と自分の差を広げると支配しやすくなりますよねだからモラハラ加害者は被害者を貶《おとし》める行動をするんですよ
うわぁ
何かにつけてお前はダメだとか親がろくでもないとか言われたり…
だけど言われた側はとても苦しいですよね反論しても聞き入れてもらえないし火に油を注ぐだけ黙っているほうがましだと悟ります
どんどん自信がなくなって相手の言うことがおかしいと思っても反論できなくなっていくそうするともう洗脳されたような状態になり支配と従属の関係が成り立っていくのです

恐ろしいですね…
ええ
モラハラかどうかというのはいろいろな定義があるかと思いますが私はその被害者の心理状態がとても大事な指標になると思うんです
心理を指標とすると言うのはどういうことでしょうか?
例えば夫からの頼まれごとを怖くて断れないとかどんな理不尽な命令でも従ってしまうとかですね意識せずとも相手の機嫌を損ねないよう行動してしまう…
そんな常に臨戦状態のような張り詰めた心理状態がモラハラ被害者の特徴として見られます
ガチャ
びくっ
あと夫が帰ってきた物音や気配がしただけで身体が強張《こわば》るとか動悸がするなどの身体の反応も心と密接に関係していると思われます
そういえば被害妻の中には夫が突然不機嫌になるからいつもびくびくして暮らしてたって人多かったですね
生活必需品を買うにも相手に許可を取ったり何で? って思ったけど
恐怖で支配されてる状態だったんだね…

モラハラは男女ともに加害者あるいは被害者両方になりえるし会社や学校部活・サークルなどでも起こりますが
特に家庭のような閉鎖的なところではエスカレートしやすく当事者も気づきにくいいわゆる夫婦というのは一番起こりやすく周囲からもわかりにくいのかなと思います
そしてモラハラ加害者は相手をすごく惹きつけ魅了するんです
え？どういうことですか？
モラハラの加害者は知り合ったときはとても魅力的に見えるんです優しく親切で勉強も仕事もできる人が結構いたりします
私の理想の人！
自己愛が強い人も多く身なりにも気を遣うから外見もよかったりして
だから出会ったときは結婚相手としてすごくよく見えるかもしれません
そしてモラハラ加害者がターゲットに選ぶのは自分に見合ったパートナーです美人とか頭が良いとか何かに秀でていて魅力的な人が少なくありません
彼らは妻に向かってお前は頭が悪い常識がないなどと言いますが逆なんです

それにおそらく交際の段階で相手が自分の要求をどれだけ受け入れられるか何度かテストをしてみて合格した人を結婚相手として選んでいくんです
合格
◎
だからモラハラ被害者となるのは魅力的で相手のことを受け入れる懐の深い優しい人が多いんです
なるほど!!
目からウロコが止まりません…
ぽろ
ぽろ
←うろこ
本当にずっと何でこんないい人がこんな目にという憤りしかなかったです
だからモラハラが起こる夫婦も最初は理想のカップルに見えたりするんです
けれど加害者は相手が自分から離れていかないと確信が持てたところで何かをきっかけに「豹変」します
結婚
出産
転勤
そういうことがきっかけにモラハラはスタートすることが多いです
モラハラ加害者はいろんな手段を使って相手を支配します
相手が得意なことや自信を持っていること楽しみにしていることを否定します
×
×
例えばお料理 服装などのセンス 持っている資格や経歴 容貌やスタイルなどを貶めその人の自尊心を潰そうとします

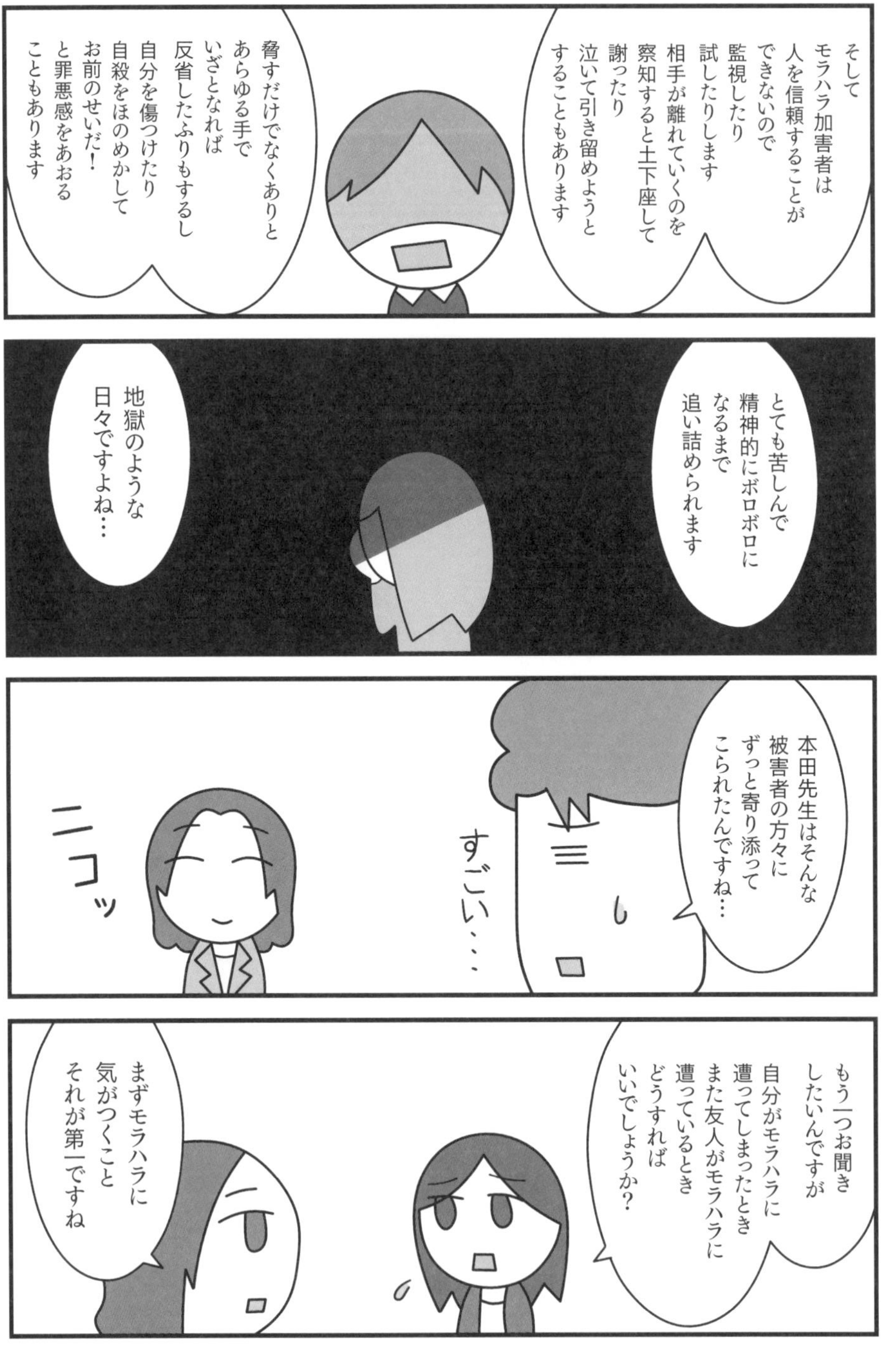
そしてモラハラ加害者は人を信頼することができないので監視したり試したりします相手が離れていくのを察知すると土下座して謝ったり泣いて引き留めようとすることもあります
脅すだけでなくありとあらゆる手でいざとなれば反省したふりもするし自分を傷つけたり自殺をほのめかしてお前のせいだ！と罪悪感をあおることもあります
とても苦しんで精神的にボロボロになるまで追い詰められます
地獄のような日々ですよね…
本田先生はそんな被害者の方々にずっと寄り添ってこられたんですね…
すごい・・・
ニコッ
もう一つお聞きしたいんですが自分がモラハラに遭ってしまったときまた友人がモラハラに遭っているときどうすればいいでしょうか？
まずモラハラに気がつくことそれが第一ですね

これはモラハラ
かもしれないと思ったら
ぜひ情報収集を
していただきたいです
ネットでも本でも
これって私…？
モラハラ
次に弱った気力
決断力などを
回復させるのも大切です
そのために何ができるか
どんな方法があるか
一人で悩まないで
味方になってくれる人か
専門家に相談してほしいですね
逃げるか留《とど》まるかは
もちろん本人が
決めることですが
すぐにでも
逃げてほしいと
思う人もいます
それは
モラハラだけじゃなく
身体的な暴力に
及んでいる場合や
命の危険がある場合など
緊急性のある方です
直接の暴力がなくても
精神的に追い詰められ
「死にたい」という
気持ちが表れている人
も緊急です
すぐに心療内科に
行ってほしいです
確かに！
けれどモラハラ被害者には
もう精神的に
限界なのに夫に
精神科なんて
恥ずかしいから行くな！
と言われて
行きたくても行けない
人がいるんです
メンタル
クリニック
そういう場合は
かかりつけ医
内科でも婦人科でも
いいのでお医者さんに
相談してみるのも
ありですよ
そんな方法が…

あとお子さんに影響が出てしまっている人…
モラハラを受けていても子どもが成人するまで大学を出るまでは…と我慢している人も多いのですが
家庭内のモラハラがある場合家族の安心・安全は脅かされます
そういう環境で育つ子どもへの影響は計り知れません
お子さんは自分じゃ逃げられないですもんね…
けどモラハラの難しいところって逃げることを勧めてもなかなか逃げなかったりするじゃないですか…
そうですね
でもね逃げられないのが当たり前なんです
逃げられないのが当たり前…?

逃げられないのは経済的な不安を理由にする人が多いけどお金のことだけじゃないと思います
だって結婚すると夫婦にはかけがえのない共通の財産ができるんです家や貯金以外にも一緒に暮らしてきた思い出や地元の人たちとの関係ママ友や子どもの友達などの人間関係…
どれも大切なもので立派な財産です逃げればそれを全部手放すことになる
簡単には決断できません
だからすぐには逃げられないのが当たり前なんです
逃げるという選択をし実行できた人は「よく決断した」と思います
逃げた人たちはみんなすごい人だったんですね
うっ…私逃げろ逃げろって言ってもしかして相手を傷つけてたのかも…

それに逃げるには色々と準備が必要ですよね
別居中の婚姻費用や離婚の際に受け取れるお金がどのくらいあるか子どもの進級・進学のタイミング求職活動や資格取得のための勉強など…
状況は一人ひとり違うんですから今自分が置かれている環境の中で自分と子どもの未来のための最善策とは何か…
それぞれの状況に応じた答えがあると思います
本田先生のおかげでモラハラの本質がだいぶわかってなんだか頭がすっきりしました
恐怖による支配か…
バラバラだったピースがはまった気がしますね
今日は本当にありがとうございました
はい モラハラで苦しむ人が一人でも減るといいなと思います

エピローグ

エピローグ

結婚生活は
楽しいことと
苦しいことがあって
最近は苦しい
ことばかり
どうして何をやっても
怒られるんだろう
朝までお説教なんだろう
なんで寝かせて
くれないんだろう
毎日彼のお世話を
しているから
自分のことは
何もできない
こんなの奴隷みたいで
苦しい
でも彼から離れるのは
怖い
いつか優しくなって
くれるかもしれない
身動きが取れない
まるで
どろどろのタールの海で
溺れてるみたいだ

ゆみ！
杏…
ごめんね…
迷惑かけて…
ごめんなさい
謝らなくて
いいんだよ！
でも
私が悪いのに…
…許せない…

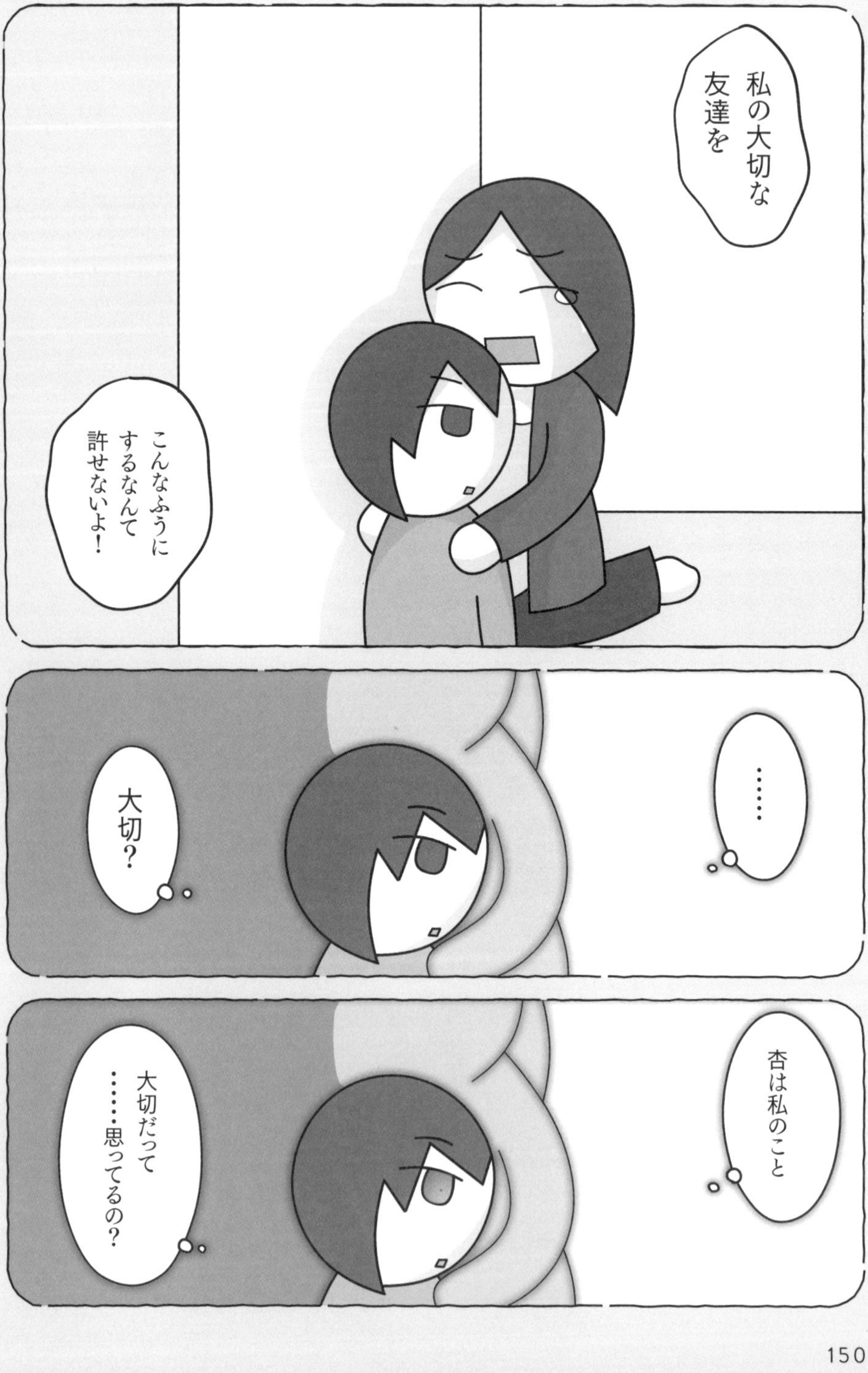
私の大切な友達を
こんなふうにするなんて許せないよ!
……
大切?
杏は私のこと
大切だって……思ってるの?

杏…
私…
もう…
毎日苦しくて
辛くて…
逃げても
いいのかな…
……
いいんだよ
苦しいことからは
逃げて
いいんだよ!

逃げて！

RRR
はい
お疲れ様です 次の企画ですが
ということで お願いします
はーい 了解ですー
ところで ゆみさん お元気です?
うんなかなか 別れてくれなくて 大変だったけど この前 離婚裁判が終わって
やっと離婚成立 したんだよ

そうなんですか！
それはおめでとう
ございます
…って言っても
いいのかな
離婚におめでとうって
どうかと思うけど
モラニゲだとそう
言いたくなっちゃうよね
本当
結婚って何なんで
しょうね
モラニゲ妻さんたちに
会って
色々考えちゃいました
もちろん幸せな
夫婦もいるし
結婚相手によるとしか
言えないけど
モラニゲ妻さんだって
再婚して幸せになってる
人だっているんだしね
でも
結婚＝相手を好きに
扱っていいとか
君をまともな
人間にするために
言って
るんだよ
自分の思い通りに
しようっていうのは
絶対にダメだと思う

夫婦であっても個々の人間で
僕はこう思うよ
私はこう思う
それもいいね
相手の考えを尊重する関係がいいと思うんだ
じゃまた連絡しますねー
ぴっ
…本当に
結婚してるときは恐怖政治の独裁国家の国民だったと思うの
えー？なにそれ
その国は王様の夫と国民の私の二人しかいなくて
彼が一人で全部ルールを作って逆らうとひどい目に遭って誰も助けてくれなくて

もしそんな国に生まれて助かりたかったら
亡命か革命しかないと思うの
どっちも大変そうだけどね
とりあえず私は国を捨てました！
えーじゃあ今日は何に乾杯する？
亡命？
うーん離婚成立…いや
独立かな？
自由かな？
ちょ
ここで悩まないでょ
泡が消える

じゃあ
逃げた勇気と労力と
今の幸せと
杏への感謝に！
ずら　ずら
チンッ
なんか
多いけど
かんぱーい！
本当にありがとう
杏
うん

あとがきに代えて

私は「モラル・ハラスメント」という言葉を近年まで知らずに生きてきました。
その言葉を知ってからは、それはふと周りを見渡せば色々なところに存在していて、想像を絶するような苦しみがあることを知りました。
そのときこの本に出てくる杏ちゃんや慶太くんのように、なぜ私は今までこの世界を知らなかったんだろう、と胸を突かれたような気持ちになりました。
言葉を知ることで可視化される世界がある。それならもっとこの言葉を知ってほしい。そんなことを思いながらこの漫画を描かせていただきました。

今回取材させていただいた皆さんは本当に優しい方ばかりで、こんなに素敵な人がどうしてこれほどひどい目に遭わなければいけないいんだ？？と、取材のたびに憤りを感じていました。
お辛い体験ばかりなので、思い出すことも、話をされるのもきっと苦しかったと思います。けれども皆さん「これ以上モラル・ハラスメントで苦しむ人たちがいなくなるように」と貴重なお話を聴かせてくださいました。本当に心から感謝しています。

また専門家の立場からお話を頂いた大貫先生、熊谷さん、本田先生へもこの場を借りて御礼申し上げます。モラル・ハラスメントをなくすための先駆者として走ってこられたお三方にお話を聴くことができて、この本はとても恵まれた本になったと思います。

そして私以上の情熱をもって本づくりに取り組んでくださった編集者の木村さん、ありがとうございました。この書籍は一人では作り上げることのできない本でした。

もしかしたらこの本を手に取られた方の中には、逃げるか逃げないか、迷われている渦中の方もいらっしゃるかもしれません。私は無責任に逃げることを勧めたりアドバイスをすることはできないけれど、ただひとつだけお伝えしたいことがあります。

あなたはそんなことをされていい人じゃない、どうかご自身を大切に。

皆さんが健やかな未来を迎えられるよう心から祈っています。

榎本まみ

榎本《えのもと》まみ

新卒で信販会社に入社し、配属された支払延滞顧客への督促を行うコールセンターの日常を4コマで描いたブログ「督促OLの回収4コマブログ」がアメーバブログの4コマランキング1位を獲得。2012年文藝春秋より『督促OL修行日記』にてデビュー、シリーズ累計17万部を突破。その後もコールセンターで働きながら執筆活動を行っており、弁護士の大貫憲介氏と共にモラハラ夫たちの実態を描いた4コマ漫画「モラ夫バスター」をSNS上で発信、多くの共感を呼び話題になる。その他、WEBニュースや雑誌などでコラムや漫画の連載も行っている。

※本書はモラル・ハラスメントを脱出した方たちに取材し、その体験談をドキュメンタリーコミックとしてまとめたものです。描かれている内容は、あくまで個人の体験に基づいた感想で、特定の個人、コミュニティ、国、文化などを貶めるものではありません。また、取材した方のお名前をプライバシー保護のため仮名にするとともに、一部の設定を変更しています。

モラニゲ

モラハラ夫から逃げた妻たち

2021年4月3日　第1刷発行

著者　榎本まみ
発行者　大山邦興
発行所　株式会社飛鳥新社
〒101-0003
東京都千代田区一ツ橋2-4-3 光文恒産ビル
電話（営業）03-3263-7770
（編集）03-3263-7773
http://www.asukashinsha.co.jp

ブックデザイン　山田知子（chicols）
監修　本田りえ
校正　株式会社ハーヴェスト

印刷・製本　中央精版印刷株式会社

ISBN 978-4-86410-819-5

編集担当　木村 文